Querverlag

Christoph Klimke & Mario Wirz

Unwiderruflich glücklich

© Querverlag GmbH, Berlin 2013

Erste Auflage März 2013

Umschlag und grafische Realisierung von Sergio Vitale unter Verwendung eines Fotos von Martin E. Kautter.

Gesamtherstellung: finidr

ISBN 978-3-89656-211-1

Printed in the Czech Republic.

Bitte fordern Sie unser Gesamtverzeichnis an:

Querverlag GmbH, Akazienstraße 25, D-10823 Berlin

http://www.querverlag.de

Inhalt

Glückspilz 7

Talismänner 10

Scherben 13

Schwein gehabt 17

Die Fledermaus 20

Rituale 23

Hosenscheißer 27

Der Dichter und das liebe Geld 29

Kaffeeklatsch 32

Unzertrennliche 34

Westberlin Sommer 1976 41

Adieu 44

Waldwesen 48

Dichter tötet man nicht 51

Nachts 54

Wo lebt Fortuna? 57

Regen 60

Wer's glaubt, wird selig 64

Nachhilfelehrer 67

Gibt es im Unglück Glück? 70

Tiger 83

Von Schutzengeln 85

Debüt 87

Name dropping 90

Metamorphosen 102

Alles sei Traum 105

Schlaraffenland 107

Kein Sommernachtstraum 109

Torten 113

Kevin 117

Andersens Schatten 120

Das Bild 123

Von Diagnosen, Prognosen und anderen Irrtümern 127

Zimmer 3 129

Lamento eines Begehrenswerten 134

Alles ist gut 137

Science-Fiction 140

Mein Montmartre in Berlin 144

Fernweh 150

Happy Birthday 152

Glückspilz

Mario Wirz

Auf Bänken sitze ich und spreche mit Bäumen. Werde ich wunderlich?

„Lerne wachsen", murmelt die Buche und schaut sanft auf den schwatzhaften Zwerg.

„Lerne fallen", kichern die Blätter der Birke. „Der Herbst ist weit entfernt", summen die Bienen und flirten mit jeder Blume. „Ich bin ganz betrunken von diesem Frühling", trällert die Blaumeise und balzt für ein Rotkehlchen, das sachte noch etwas mehr errötet. „Schreib ein Gedicht über mich", ruft der Zitronenfalter kess und flattert davon.

„Was gaffst du so verschwärmt? Vor einer Woche war ich viel schöner", murrt der Magnolienbaum und räkelt sich in seiner schon etwas müden Pracht.

Auf Bänken sitze ich und kann es immer noch nicht glauben, dass ich nach all den elenden Wochen der Rumkrebserei wieder neue Kraft in mir spüre.

Kraft für einen Freudensprung unter diesen blauen Wolken. Warum nicht vor den Augen der anderen Spaziergänger einen Purzelbaum schlagen? Mein dankbares Glück unter diesem Himmel ist frei für jede Übergeschnapptheit. „Pass auf, dass du nicht über deinen dicken Bauch stolperst", warnt mich das Eichhörnchen und verschwindet zwischen den Bäumen. „Hast du schon das Gedicht über mich geschrieben? Es wäre mir eine große Ehre", säuselt der Zitronenfalter und gaukelt mir kess vor der Nase rum.

„Den Text über mich fand ich etwas sentimental", sagt die Linde, „aber ich verstehe nichts von moderner Lyrik."

„Immerhin hat sich der Herr Dichter bei seiner Buchpremiere im BKA-Theater am Mehringdamm zu dir bekannt. Das mir gewidmete Gedicht auf Seite 144 hat er dem Publikum vorenthalten. Ganz schön dämlich. Hätte er es vorgelesen, wäre der Erfolg der Buchvorstellung ein Triumph geworden", zetert das Eichhörnchen, das nach seiner Kritik erneut verschwindet. „Sogar aus Wien kamen zwei Freunde angeflogen, um die malade Dichterkrähe bei ihrer Wiederauferstehungslesung zu bestaunen", lästert ein Igel respektvoll und kugelt sich. „Wer hätte es gewagt, die Sensation dieser offensichtlichen Unverwüstlichkeit zu versäumen? Die alte Zirkuskrähe hat Ärzte, Schwestern, Pfleger und sogar den Pförtner der Klinik genötigt, zum wirzlichen Weltereignis zu pilgern. Ganz zu schweigen von den Nachbarn und der Verwandtschaft der Nachbarn", spöttelt der Specht und klopft amüsiert aufs Holz einer Schwarzerle.

„Dass wir wegen dieser behämmerten Klopferei alle unter chronischen Kopfschmerzen leiden, interessiert keine Sau", beschweren sich einige Käfer und krabbeln genervt in ihren Baumhöhlen. „Und dann dieser großmäulige Titel. ‚Vorübergehend unsterblich'", witzelt der Maulwurf unter der Erde, aber kaum jemand versteht ihn, weil der Specht zu laut ist. „Wir mögen deine neuen Gedichte sehr, und wir freuen uns über die tollen

Rezensionen", sagen die Narzissen, und ich bedanke mich artig und spüre die Aprilsonne auf meiner Haut und weiß, dass ich ein Glückspilz bin.

Glauben will ich den Marienkäfern, die mir in diesem Frühling Leben versprechen.

Talismänner

Christoph Klimke

Es stürmt heute Nacht. Mein Schlafzimmerfenster steht offen und ich höre den Sommerwind. Wolken rasen am Himmel entlang. Ab und zu schaut der Halbmond hindurch und die schwarzen Wipfel werden dunkelgrün. In den Nachbarhäusern wird längst geschlafen. Aus dem Arbeitszimmer meines Vaters leuchtet Leselicht und ich schleiche mich aus dem Haus zum Fahrrad. Dreißig Minuten und ich bin bei meinem ersten Freund. Wir reden die halbe Nacht, trinken Chianti aus Bastflaschen, ziehen am Joint, schauen in die Nacht und versprechen uns alles. Wir beide sind zwanzig und offensichtlich Spätzünder. In der Schulzeit mochte ich meinen besten Freund natürlich am meisten, er mich auch, bis er dann mit vierzehn seine erste Freundin vor meinen Augen knutschte. Seltsam, dachte ich damals, komisch, dass ich nun an die zweite Stelle rückte.

Leistungssport lenkte mich vortrefflich ab und ich machte ziemlich Karriere. Hauptangreifer in der Klever Volleyball-Mannschaft, mit dem Schulsport unterwegs durch ganz Nordrhein-Westfalen und zudem noch Trainer der A-Jugend-Besten-Staffel. Schiedsrichter wollte ich werden und in so vielen Missionen on tour war keine Zeit für Liebe. Die galt schließlich im Stillen der Literatur. Ich las mir das Leben her und zwischen manchen Zeilen auch den Richtigen in mein Zimmer.

Erste tragische Gedichte entstanden, die über die Jahre in Papierkörben landeten. Das Abwesende betört uns sowieso und mich mehr und mehr der abwesende Andere. Klar wurde mir das erst in diesem Sommer. Zivildienst ist zu leisten und ich werde zu einem politischen Menschen. Nicht allein die Nazi-Vergangenheit unserer Elterngeneration, sondern soziale Ungerechtigkeit überhaupt und der Weltfrieden im Ganzen werden zur Verantwortung, die auf den jungen, inzwischen unsportlichen Schultern lastet.

Das ist über dreißig Jahre her und einige Männer an meiner Seite sind tags und nachts bei mir geblieben, unzählige aber auf der Strecke durch die Szenen. Parks, Saunen, Kinos, Bars. Unterwegs machen wir uns an und die Zeiten sind unbeschwert. Ausprobiert muss alles werden, erst dann weißt du, was du willst.

Den Teddy meiner Kindheit gebe ich nicht her, wohl aber so manchen fleischlichen Irrtum. Doch auch die kurzen Begegnungen – einmal und nie wieder –, wo du den Namen des anderen nicht einmal weißt und sein Gesicht schnell vergisst, es hat dir Glück gebracht, ein anderes zwar, als du heute genießt, aber eben Glück. Über die vielen Unglücks-Unfälle schweigt der Gentleman. Ob die anderen sich an dich erinnern, ich weiß es nicht, es spielt auch keine Rolle, denn längst habe ich nur einen Glücksbringer in meinem Leben, ach nein, zwei, denn unser Hund, der uns ausgesucht hat, lässt unsere Seele laufen, durch die Jahreszeiten Berlins oder auf unseren Reisen. In Erinnerungen an manchen Beau will ich nicht schwelgen, denn so alt bin ich nun auch wieder nicht. Dem Tode waren wir nahe, aber wir sind ihm in die Quere gekommen.

Ach ja, die Nächte mit Giorgio in Rom, mit Gianpiero in Palermo, mit Luciano in Paris, die vielen Sommer im Süden und keine Nacht ohne dich und dich, Tränen bei der Trennung, das Fliegen auf den Neuen, die Entgrenzung der eigenen Welt, all die Inseln aus Komplizenschaft und Zuneigung, nun also doch zu euch.

Der schönste Park, den ich für nächtliche Jäger kenne, ist der Monte Caprino in Rom. Du schaust auf das Kapitol, auf den Tiber, siehst die Kuppel des Petersdoms, die mächtigen Türme der Stadt, das Forum Romanum und zwischen dem Gestrüpp Streunende aus aller Welt, die ganz heutig und jetzt den Richtigen suchen und zumeist für den Augenblick auch finden.

Alessandro habe ich hier kennengelernt. Mit ihm war ich einen Sommer auf seinem Sardinien. Familie, deutsche Politik und die inzwischen wiederum veränderten Missionen sind hier weit weg. Für einen Sommer habe ich einen sardischen Talisman und auch ich will ihm gut: *ti voglio bene*, flüstert man dem anderen ins Ohr.

Meinen ersten Freund sehe ich immer noch ab und zu, manch einer der Geliebten lebt inzwischen auf einem anderen Planeten und sieht vielleicht wie jener Halbmond auf mich und uns und dann hör ich im Traum dich sagen: *ti voglio bene*.

Scherben

Mario Wirz

„Der Befund der ersten Computertomografie nach der Chemo-Radio-Therapie lässt sich nicht besser denken und wünschen", sage ich etwas hölzern und fühle mich mit meinen Wahrheiten wie ein Schauspieler bei der ersten Probe.

In den nächsten Wochen werde ich diesen Satz noch oft zu Freunden und Kollegen sagen, so oder so ähnlich, und meine dankbare Freude vielleicht etwas natürlicher und weniger verkrampft ausdrücken. Wieder einmal begreife ich, dass es für die wesentlichen Themen unseres Lebens keine tauglichen Worte gibt.

Glück und Unglück verweigern sich der Mitteilbarkeit. Beide Erfahrungen sind so intensiv und elementar, dass wir stammeln und stottern, wenn wir sie beschreiben wollen.

Christoph und Joi, seine in der Kunst des Überlebens geübte Hündin aus Spanien, schauen geduldig auf ihren ramponierten

Freund, dessen wuchtige Wampe sich durch keine Katastrophe hat vertreiben lassen.

„Natürlich kann der Krebs wieder nachwachsen, aber das soll heute nicht meine Sorge sein. Heute bin ich nur dankbar und glücklich", dröhne ich mit Bassstimme, als müsste ich meine Entschlossenheit zur Rückkehr ins Leben akustisch beweisen.

Einige Gäste an den anderen Tischen drehen sich genervt zu mir. Ich deute eine ironische Verbeugung an und ärgere mich, dass ich unerträglich künstlich klinge.

Warum finde ich für das neue Wunder in meinem Leben keinen echten Ton?

Wahrscheinlich bin ich überfordert vom pathetischen Drehbuch meines Schicksals. Seit fünfundzwanzig Jahren sterbe ich HIV-positiv mehr oder minder vital vor mich hin.

Christoph hebt sein Weinglas und prostet mir zu.

„Glückwunsch, mein Freund. Ich freue mich mit dir", sagt er leise.

Vielleicht erinnert er sich in diesem Augenblick an meine erste Krebsdiagnose vor fünfzehn Jahren. Ich schwitze jede Nacht wie ein Boxkämpfer im Ring, kurz vor der Niederlage, und magere herunter auf vierzig Kilo, als wollte ich mich mit meinen nächtlichen Verflüssigungen in jenes Element zurückverwandeln, aus dem wir alle gekommen sind.

Christoph geht täglich mit seinem geschwächten Freund spazieren und zwingt ihn mit sanfter Beharrlichkeit zu kleinen Mahlzeiten. Da ich keine Waschmaschine besitze, holt er mehrmals in der Woche mein nass geschwitztes Bettzeug ab und wirft es in seine Maschine. Eine Waschmaschine reicht nicht aus, meine ungeheure Menge an Schmutzwäsche zu reduzieren. Mehrmals in der Nacht falle ich schlafend in den See der Plagen und muss das Bett neu beziehen und meinen Pyjama wechseln.

Auch andere stellen mir ihre Waschmaschinen und ihre Arbeitskraft zur Verfügung.

Das Wunder, dem ich seit fünfundzwanzig Jahren mein Immernochdasein verdanke, trägt die Namen meiner Freunde.

„Mario, Bello, was willst du trinken?", fragt Andrea, der Mitbesitzer vom „I due emigranti", in dem ich mich mindestens einmal im Monat mit Christoph treffe.

„Bitte einen trockenen Rotwein", antworte ich und bin froh, dass ich mir nach monatelanger Abstinenz wieder promillehaltige Freuden gönnen darf.

Vino rosso und Pizza Mozarella und italienische Schlagerschnulzen und die von Frühlingserwartung aufgehellten Stimmen und Gesichter an den Nachbartischen.

Ich lebe und bin einer von ihnen und gehöre dazu.

Etwas in mir kann es immer noch nicht glauben. Nach all den vielen Jahren hätte ich es dem Wunder nicht übelnehmen dürfen, wenn es auf meiner Seite müde geworden wäre.

„Vielleicht meinen die Engel, dass ich mir meine Unsterblichkeit noch mit einigen guten Büchern verdienen muss", lache ich und streichele Joi, die skeptisch äugt, weil sie von Engeln wohl mehr weiß als der dicke Mann, der sich gerade sein drittes Glas Rotwein bestellt. Christoph, der mich sonst immer schnell schöner und klüger trinkt, als ich bin, sitzt heute noch vor seinem ersten Glas und lächelt versonnen.

„Ich weiß nicht, was deine Engel denken, aber ich denke, dass wir beide ein Buch über das Glück schreiben sollten", sagt er und schaut wach aus dem Fenster, als sähe er draußen bereits die Zukunft und das Plakat, das unsere gemeinsame neue Buchpremiere ankündigt.

„Ich bin zu bescheiden für dieses Angebot, aber nach dem Triumph unseres ersten gemeinsamen Buches würden uns die Verleger des Landes den neuen Bestseller natürlich aus den Händen reißen", kichere ich weinselig und weiß, dass die Zukunft gerade eben begonnen hat.

Die verlässliche Abwesenheit unserer Bücher auf den Bestseller-Listen hat uns zu keinem Zeitpunkt daran gehindert, glücklich zu sein.

Wir antworten auf das komische Leben mit Gedichten und Erzählungen, die wir gerne auch unseren zahlreichen Meisen vorlesen, wenn sich keine anderen Zuhörer herbeidichten lassen.

„Der Spatz in der Hand und die Taube auf dem Dach werden unser neues Buch zu schätzen wissen", lärme ich herzbunt und kippe mit einer großen Geste das Weinglas vom Tisch, das auf dem Steinboden in mehreren beschwipsten Einzelteilen davonspringt.

„Scherben bringen Glück", sagt Andrea und klopft mir beschwichtigend auf die Schulter.

Schwein gehabt

Christoph Klimke

„Wir müssen alle sterben. Auch mir kann ein Ast auf den Kopf fallen oder ich verunglücke bei einem Autounfall oder Flugzeugabsturz. Vielleicht solltest du noch einmal eine schöne Reise machen. Ans Meer. Nach Rügen, die Insel, die dein Freund für dich ersegelt hat. Schreib darüber. Schreib dir das Leben her, wie lange es auch währen mag, das weiß doch letztlich niemand. Letztlich. Niemand."

Was soll ich ihm nur gleich sagen, wenn die Diagnose endgültig ist? An diesem kalten Märzabend sitze ich im Taxi von meiner Wohnung in Kreuzberg zu unserem langjährigen Treffpunkt „I due emigranti", einem sardischen Restaurant, in dem wir unzählige feucht-fröhliche Abende mit Lästern, Streiten und Lachen verbracht haben. Die heimkehrenden Passanten auf den Bürgersteigen, die vorbeifahrenden Autos, das Farbengewirr der Leuchtreklamen über den schließenden Geschäften und den

Kneipen, die kleinen Parks und die Hunde, die ihre Menschen ausführen, all das kann ich kaum wahrnehmen.

Ich sehe die Krankenhausgänge der neunziger Jahre, rechts und links die Zimmer, die Türen stehen offen, große, dunkle Augenhöhlen abgemagerter, junger Greise starren mich an; alles riecht nach Chemie, einer Mischung aus Medikamenten und Desinfektionsmitteln. Ich sehe den bemüht mitleidigen Blick der Krankenschwestern, die gehetzten Ärzte, Kinder, die ihre Schwester oder ihren Bruder noch einmal sehen möchten, heulende Eltern, Geliebte, deren unendliche Zuneigung einen Weg sucht, sehe all die Freundinnen und Freunde, die es nicht mehr gibt.

Die Zeiten habe sich gebessert, Aufgegebene sind zu Kräften gekommen und haben ihr Lachen wiedergefunden. Zuvor, am Ende der achtziger Jahre, haben wir eigentlich immer nur an die nächsten zwei, drei Jahre gedacht. Wenn ich dann noch so bin wie heute, schaffe ich wohl auch weitere zwei, drei Jahre.

Manchmal ist die Wahrheit ganz einfach. Ich habe in keiner Diktatur leben müssen und bin froh, dass meine Eltern Anfang der fünfziger Jahre aus der DDR geflohen sind. Wie mein Leben dort verlaufen wäre, ist reine Spekulation. Aber mir fehlt die Fantasie, mir dort ein Dichterleben vorzustellen. Von Naturkatastrophen, Kriegen oder Seuchen bin ich bislang verschont, lebe im fetten Europa, soll mir höchstens Sorge um meine Rente machen und mit Anfang fünfzig vielleicht doch mal zur Darmkrebsvorsorge. Ich habe einen verzaubernden Mann und eine verzauberte Hündin. Was fehlt mir eigentlich? Meine Eltern? Ja! Ein Haus? Nein. Ein Boot? Ich lasse lieber fahren. Noch ein Buch? Unbedingt. Eine Theateraufführung? Auf jeden Fall. Neue Freunde? Jünger sollten sie sein. Reisen? Fernweh habe ich nach Hause.

„Das macht 13 Euro", knurrt mich der berlinernde Taxifahrer an. Ich zahle und eile durch den Regen an unseren Stammtisch neben dem Kamin. Die Wirte Andrea und Franco begrüßen mich herzlich wie immer und bringen gleich kleine Köstlichkeiten aus Vincenzos Küche. Das Bier trinke ich in einem Zug, da sehe ich Mario sich aus seinem Taxi hieven. Er winkt mir durchs Fenster zu, humpelt ziemlich theatralisch ins Lokal, wir umarmen uns fest und er droht lachend damit, dass wir uns wohl noch dreißig Jahre ertragen müssen. Alle Todesursachen werden an diesem Abend ertränkt und taumeln in den eigenen unsichtbaren Abgrund.

Auf dem Nachhauseweg ist dann jeder wieder glücklich allein. Zum Schreiben muss man allein sein, Ruhe haben und eine Tugend pflegen, die vergessen ist oder den Esoterikern überlassen wurde: das In-sich-Gehen. Hier findest du das verschüttete oder zerstörte Glück. Du empörst oder erfreust dich und – von der Unvernunft getrieben – beginnst zu schreiben, verrätselst, um zu enträtseln.

Mario hat mir zum Abschied ein kleines Glücksschwein aus Porzellan geschenkt. Jetzt mitten in der Nacht lacht es mich an oder aus und ähnelt uns beiden ziemlich.

Die Fledermaus

Mario Wirz

Einen Tag vor meiner ersten stationären Chemotherapie verirrt sich durch die geöffnete Balkontür eine Fledermaus in mein Zimmer. Ich erstarre auf dem Stuhl und starre entsetzt auf den mit unheimlicher Anmut mich heimsuchenden Flattergeist.

Die Fledermaus ist eine Botin des Dunklen und Unheilvollen, raunt es schreckhaft in mir. Sie will mir meinen baldigen Tod ankündigen. Es ist ganz sinnlos, dass ich mich auf die harte Krebstherapie einlassen will. Ich muss sterben.

Du alter, wehleidiger Narr. Entspanne dich. In Asien ist die Fledermaus ein Glückssymbol, murmelt eine andere Stimme in meinem Angsthirn.

Ich beschließe, ein Chinese zu sein, und befehle mir höfliche Gelassenheit für meinen späten Gast. Die Fledermaus scheint in meinem kleinen Zimmer sommernächtlich zu flanieren. Ohne Nervosität bummelt sie auf dem Luftweg um Dinge und Gegenstände herum. Im Hinterhof singt eine Amsel. Mein Herz schlägt sich furchtlos auf die Seite dieser Stunde. Es ist Juli, und ich lebe. Die Fledermaus ist nicht versehentlich in mein Zimmer geflogen, sondern mit Absicht. Ein beflügelter Gruß des Universums.

Sie meint es gut mit mir. Alles ist immer so, wie wir es denken und deuten. Solange ich bereit bin, an mein Glück zu glauben, bin ich nicht verloren. Davon handelt auch das Lied der Amsel. Würde sie morgen von der Katze gefressen, bliebe ihre Botschaft für uns wahr. Meine Besucherin kreist noch einmal entspannt um die vom Staub bedrängte Lampe. Dann fliegt sie kunstvoll in die milde Sommernacht des Hinterhofs zurück.

Sie hat ihre Mission erfüllt.

Ich packe meinen Koffer für die Klinik und nehme auch den bunten Kimono mit, den Jan mir vor einigen Jahren aus Hongkong mitgebracht hat.

Eleganz auch für das Elend. Das hat Stil, spöttelt der Spiegel nachsichtig.

Wir kennen uns schon sehr lange.

Der erste Chemo-Zyklus dauert fünf Tage und fesselt mich an einen Chemo-Ständer, als dessen Geisel ich kaum Gelegenheiten haben werde, meinen edlen Kimono zu tragen.

Alle Dinge im Zimmer wissen, warum ich das Geschenk von Jan mit in die Klinik nehme.

Ich habe ihm verboten, in dieser Nacht nach Berlin zu kommen, weil mir die Kraft fehlt, der tapfere und hoffnungsvolle Gefährte zu sein, den er jetzt dringend braucht.

Wir sind beide von der neuen Krebsdiagnose überfordert. Dabei leben und lieben wir seit meinem HIV-Positivbefund vor fünfundzwanzig Jahren auf dem Seil.

So lange schon ist der Tod der Dritte in unserem Bunde, und trotzdem sind wir immer noch Amateure vor unserer Sterblichkeit.

Wenn wir nun zusammen sind, simulieren wir beide eine zuversichtliche Sachlichkeit, um irgendwie durch den Tag zu kommen, ohne zusammenzubrechen.

Jan arbeitet als Psychologe in einer nicht weit von Berlin entfernten Stadt in Brandenburg und ist Tag für Tag mit dem Leid seiner Patienten konfrontiert. Krebspatienten. Menschen, die den Tod ihrer Partner nicht verkraften. Jeder ein Spiegelbild für die Angst, von der Jan glaubt, dass er sie vor mir verstecken muss.

Am Wochenende fühlt er sich an meiner Seite verpflichtet, stark zu sein.

Ich revanchiere mich mit dem Heroismus einer Hoffnung, deren Vokabeln ich wie eine Fremdsprache lernen muss. Beide spielen wir füreinander eine Rolle, in der wir nicht sehr glaubwürdig sind.

Die Spinne über meinem Bett zieht den seidenen Faden, an dem mein Leben hängt.

Der Chinese lächelt und träumt in dieser Nacht von einem Schornsteinfeger.

Rituale

Christoph Klimke

Endlich! Endlich ist es so weit. Ich liege schon eine Stunde wach in meinem Bett und schaue auf die blaue Wand, die in der Morgendämmerung schwarz zu sein scheint. Mein Bruder atmet ruhig im Nachbarbett und merkt nicht, wie Vater langsam und leise die Tür zu unserem Kinderzimmer öffnet.

Ich sehe ihn in seinem gestreiften Schlafanzug barfuß über den Teppichboden schleichen. Er bückt sich, streut Lametta vor sich und baut so einen fragilen, silbernen Weg von den Betten zur Tür zum Flur.

Jetzt steht meine Mutter auf und bereitet in ihrem schweren, roten Bademantel das Frühstück vor. Tee und Marmeladentoast gibt es wie jeden Morgen und wie an jedem 24. Dezember ist Eile geboten. Geschenke müssen noch verpackt werden, der Christbaum ist zwar schon am Abend zuvor geschmückt, aber letzte Besorgungen müssen erledigt werden. Wir Kinder holen mit

Fahrrad oder Schlitten den Wildbraten für morgen vom Metzger und den Karpfen für heute Abend vom Fischhändler.

Nach dem Frühstück verschließen die Eltern das Wohnzimmer und lassen die Rollläden herunter. „Das Zimmer ist für euch tabu", befehlen die beiden uns vier Geschwistern. Wir malen noch schnell ein Bild für Mutter oder die Älteren verpacken Parfum und Tabak für die Eltern.

Am Mittag gibt es nur eine Suppe. Es schneit und schneit und Vater geht mit uns raus durch die Siedlung. Ich ziehe meinen Holzschlitten hinter mir her und wir bewundern die ersten Christbäume in den weißen Gärten oder schon erhellten Wohnzimmern. Dann gibt es Kakao und Stollen, den Leuna-Oma uns im Paket geschickt hat.

Mutter geht in die Badewanne, Vater verkriecht sich hinter dem Qualm seiner Pfeife und vertieft sich in ein Buch. Wir lesen Comics, Märchen oder erzählen vom Weihnachten im letzten Jahr. „Was hast du dir gewünscht?", fragen wir uns der Reihe nach und verraten die kleine Liste auf dem Wunschzettel, den jeder vor gut einer Woche abgeliefert hat. Ich: ein Kaufladen, mein Zimmernachbar: eine neue Lok für die Märklin-Eisenbahn, meine Schwester: ein erstes Party-Kleid und der älteste Bruder: ein Tonband-Gerät. Wir sind gespannt. Vergessen sind die Streitereien unter uns, so mancher Schlag unseres Vaters und die Tränen der Mutter, die nicht weiß, wie sie dazwischengehen soll.

„Kinder, essen kommen!", ruft sie froh, dass alles so gut gelungen ist. Wir setzen uns um den Tisch herum, Vater liest die Weihnachtsgeschichte aus der Bibel vor, wir beten das Vaterunser und dann gibt es Karpfen mit Salzkartoffeln und Salat mit einer Soße aus Milch, Zucker und Zitrone. Vater erzählt von Weihnachten an der Front, Mutter von der Hungersnot, aber dass es trotzdem weihnachtlich war, wenn ihre Mutter in Herne aus den armseligen Resten etwas für die Kinder zauberte. Wir denken: Hilfe! Alte Sagen! Wann gibt's Bescherung?

Nach dem Abwasch müssen wir im Flur Aufstellung nehmen. Ich trage eine Fliege, die Brüder schon Krawatten, die Schwester das Kleid, das Mutter ihr letztes Weihnachten genäht hat. Die kleine Glocke läutet aus dem Wohnzimmer, Vater öffnet die Tür. „Ihr Kinderlein kommet, oh, kommet doch all", singen wir aus vollem Herzen und bewundern den Tannenbaum, die festlich verpackten Geschenke und die Leckereien auf dem Gabentisch.

„Kinder, der Tisch biegt sich ja wieder", prahlt Vater und ist stolz auf seine Familie, seine schöne Frau und die Kinder, die wie Orgelpfeifen der Größe nach vor dem Baum stehen und ein Lied nach dem anderen singen.

Wir packen unsere Geschenke aus und jeder bekommt das eine Geschenk, das er sich gewünscht hat. Überraschungen? Mangelware. Auch Mutter bekommt wie jedes Jahr ein Römerglas, das sie bewundert und zu den anderen in die Kredenz stellt. Dabei trinkt sie doch gar keinen Alkohol, denke ich und wünsche mir ein anderes Weihnachten her.

Im Laufe der Jahre bemühen wir uns alle mehr und mehr, die anderen zu überraschen. Der Ablauf des Tages und Abends ist aber gleich geblieben. Inzwischen trinken und rauchen wir auch. Wir Geschwister haben Nichten und Neffen, unsere Eltern sind Oma und Opa. Dass ich irgendwann nicht mehr zu Weihnachten nach Kleve gefahren bin, hat meine Mutter zwar verstanden, aber dennoch traurig gemacht. Geschwister heiraten oder lassen sich inzwischen scheiden. Ich feiere mit meinem Mann Weihnachten beinahe genauso, wie ich es aus meiner Kindheit erinnere. Wir kochen allerdings auch für Freunde und erzählen am Ende des Abends von jenem Ritual, das ich – was meine Geschwister nicht wissen – selbst entzaubert hatte. Schließlich ging ich am Nachmittag vor Heiligabend heimlich in das Schlafzimmer meiner Eltern, die einkaufen waren. Ich öffnete die leise quietschende Kleiderschranktür und begutachtete die noch unverpackten Geschenke. Das tue ich heute nicht mehr.

Wünsche verändern sich nicht durch die veränderten Bedürfnisse, wenn man älter wird. Viele Träume bleiben, viele Alpträume auch. Aber das kleine Glück wird zum großen und zwar auch durch die Rituale an jedem Tag.

Hosenscheißer

Mario Wirz

Ich bin glücklich, weil ich seit einer Woche nicht mehr in die Hose mache.

Vielleicht ist das nach all den Schrecken eine etwas dümmliche und dünkelhafte Sicht auf mein Elend. Vielleicht fehlen mir Demut und Weisheit. Auf jeden Fall fehlt mir das robuste Selbstbewusstsein, das nötig wäre, um die brisanten Folgeschäden der Radio-Therapie mit heroischem Humor zu ertragen. Seit Monaten verlasse ich nur noch gewindelt meine Hütte, immer mit einer großen Umhängetasche, in der sich Ersatzwindeln und andere Details für mein verlässliches Missgeschick befinden.

Spaziergänge mit Freunden beende ich jäh, weil jäh wieder mal passiert ist, was seit Monaten mehrmals täglich jäh und ohne Ankündigung passiert. Es geschieht im Supermarkt beim Warten in einer Schlange, die sich vor der Kasse gebildet hat. Es überwältigt mich in meiner kleinen Wohnung auf dem kurzen Weg vom Arbeitszimmer zur Toilette. Es ist allmächtig und allgegenwärtig. Es liefert mich gnadenlos grotesker Jämmerlichkeit aus. Der Hosenscheißer ist eine klägliche Nummer.

Einen Freund mit Prostatakrebs, der darüber klagt, dass er sich immer wieder in die Hose pisst, kann ich mit einer dezenten Andeutung meiner Probleme aufrichtig trösten.

Auf die Frage, wie es mir geht, antworte ich mit ungewohnter Lakonie: Beschissen!

Nur wenige ahnen, wie ungeheuer zutreffend diese Aussage ist.

Der Hosenscheißer verwandelt sich in einen Stubenhocker. Ich treffe keine Verabredungen mehr, für die ich meine Wohnung verlassen müsste. Zu oft bin ich in Situationen geraten, die ich als Pein und Peinlichkeit empfunden habe.

Wie viele Windeln hat der Tag, wie viele Windeln hat die Woche?

Selbst wenn nichts passiert, fühle ich mich wie ein wandelnder Gestank. Das bin ich auch, weil ich mich präventiv literweise mit Eau de Toilette besprühe und alle in meiner Gegenwart aus diesem Grund die Nase rümpfen.

Kein anderer Patient riecht so gut wie Sie, lügen die Schwestern von der Station 12 B und verlassen schnell das Zweibettzimmer, in dem ich alleine liege, damit das Infektionsrisiko reduziert wird. Während eines Chemo-Zyklus bin ich noch anfälliger als sowieso.

Alle loben die Tapferkeit, mit der ich die Fürchterlichkeiten der Krebstherapie aushalte, doch ich bin nicht tapfer. Ich bin ein Bittsteller vor meinem Schicksal und bereit, alles zu tun, damit ich noch so lange wie möglich an der Seite von Jan leben darf.

Mein Glück mit Jan ist größer als der verdammte Krebs und alle Metastasen, größer als das Elend der Therapie und alle Jämmerlichkeiten, in denen ich mich wehleidig wähne, als wüsste ich nicht, wie kleinlich mein Lamento im Kontext menschlicher Katastrophen ist.

Gewindelt und geläutert stehe ich unter den prächtigen Sternen und lausche ihrem Gelächter über den armen, kranken, glücklichen Hosenscheißer.

Der Dichter
und das liebe Geld

Christoph Klimke

„Christoph, du musst schreiben!", beschwört mich meine Freundin Göntje bei einem unserer wöchentlichen Treffen junger Autoren in Bonn. Ich habe gerade begonnen, Germanistik und Italianistik zu studieren mit der Gewissheit, das ist eigentlich kein Weg für mich. Aber der Familie zuliebe und der eigenen Einfallslosigkeit geschuldet, bin ich ab dem Sommer 1980 Student. Über die „Schnüss", das alternative Blättchen der beschaulichen Bundeshauptstadt, erfahre ich, dass man töpfern, stricken, malen, singen, Yoga-Kurse besuchen oder den Urschrei üben muss, um sein Glück zu finden. Ich aber bin Gründungsmitglied des „Dichtungsring" und weiß um unsere Bedeutung. Seltsamerweise weiß die Welt von uns noch nichts, aber wir sind fest entschlossen, das zu ändern. Und so lesen wir uns einmal in der Woche bei Chianti und Salzstangen unsere Meisterwerke vor und üben Kritik. Die Gruppe 47 war nichts dagegen.

Da die monatlichen 500 DM meiner Eltern für Miete und Mensa zwar reichten, aber Pizza und Kölsch kaum drin waren, gab ich einem ägyptischen Studenten Deutsch für Ausländer und einem Ärtzeehepaar Italienisch-Unterricht. Letzterer Job war lukrativ, wurde ich doch regelmäßig abends in deren Villa eingeladen und zwischen Köstlichkeiten auf dem Tisch und Picassos an der Wand plauderten wir auf unserem Dilettanten-Italienisch über die Toskana und Opernpremieren.

Meine Texte erfuhren beim „Dichtungsring" nur mäßige Anerkennung, aber wenn lauter verkannte Genies sich treffen, ist das ja kaum verwunderlich. Lediglich Göntje wusste vom ersten Gedicht an, ich dürfe nicht mein Talent an der Uni verschwenden und müsse schreiben, schreiben, schreiben. Das tat ich sowieso und beteiligte mich am Lyrik-Wettbewerb der Uni Bonn 1992 und gewann tatsächlich den ersten Preis. Inzwischen absolvierte ich mein Auslandsjahr an der Uni Florenz, als mich der Überraschungsbrief aus Bonn erreicht: 1000 DM und ein Buchpaket für 250 DM. Das ist knapp vor oder hinter dem Nobelpreis für Literatur. Nach der Preisverleihung, zu der meine Eltern anreisen, steige ich gleich wieder in den Nachtzug nach Florenz, um die 1000 DM entgegen den Ratschlägen der Familie auf einer Reise mit meinem Freund nach Venedig zu verprassen. Schicksalhaft aber bleibt das Buchpaket. Ich wünschte mir Bücher von Pier Paolo Pasolini und die Lektüre hat für mich lebenslange Folgen.

Der Dichter Erich Fried, mit dem ich mich bei einem Seminar in der Toskana angefreundet habe, war damals verzweifelt. Er hatte Krebs und beschloss, seinem Leben ein Ende zu setzen oder die Theaterstücke von Shakespeare neu zu übersetzen. Seine Übersetzungen werden bis heute gespielt. Erich war ein kleiner, dicker Mann mit einer ebenso dicken Brille. Im Sommer trug der Erfolgslyriker, der aus jeder politischen Meldung x Gedichte zu verfassen wusste, viel zu kurze und viel zu enge Hosen. Die Damen schmolzen dahin auch ob seiner sonoren Stimme. In der Toskana schlief Fried bei seinen Lesungen regelmäßig ein, da er bereits zu krank war.

Die Schriftstellerin Anne Duden erzählt mir Jahre später, dass Erich sie regelmäßig in sein Haus in London eingeladen hat. Und da Anne – wie jede gute Schriftstellerin – nun nicht gerade Bestseller schreibt, fordert Erich sie auf, eine der sich im Flur stapelnden Plastiktüten mitzunehmen. Tatsächlich ließ sich der Dichter und Handlungsreisende bei seinen vielen Lesungen die Gage häufig bar auszahlen und der leidenschaftliche Trödler, der seine Garderobe auf dementsprechenden Märkten erstand, brachte das Geld nicht auf die Bank, sondern verwahrte es in Lire-, Dollar- oder Pfund-Tüten.

Da kann man nur hoffen, dass „Annelein" – wie Erich seine Kollegin liebevoll nannte – nicht die Plastiktüte voller Zloty erwischt hat.

Man beginnt als Autor und wird zum Handlungsreisenden. Viele gute Autoren sind unfähig, ihre Texte vorzulesen, da sie Angst vor dem Publikum haben. Viele zermürben sich an der Blödheit von Kritikern und der Ungerechtigkeit jedes Marktes. Aber am komischsten sind die Dichter, die sich beschweren, dass keiner ihre Bücher kauft, sie selbst aber niemals das neue Buch eines mehr oder minder geschätzten Kollegen kaufen würden.

Kaffeeklatsch

Mario Wirz

Immer wieder ruft der Kuckuck, als wollte er uns foppen. Eine besonders dicke Hummel scheint Poldi zu necken, der aufgeregt bellt und vergisst, dass er bis eben noch ein schläfriger Foxterrier unter der heißen Sonne gewesen ist.

Wir sitzen unter dem Sonnenschirm im großen Garten von Klaus und Rolf und trinken Kaffee. Jan lässt ein Stück Johannisbeertorte auf seine weiße Hose fallen und eilt fluchend mit Strohhut ins Holzhaus, um im Badezimmer die Flecken zu bekämpfen.

„Dein Jan ist ein Tollpatsch", lästert Klaus mit schiefem Lächeln und denkt an den Gartenstuhl, der beim letzten Kaffeeklatsch unter Jan zusammengebrochen ist.

„Ich bin auch ein Fleckenmonster", sagt Rolf, der sanfte Gemahl von Klaus, und kichert. „Leider bin ich mit linken Händen und Füßen auf die Welt gekommen."

„Hätte ich gewusst, wie schrecklich ungeschickt du bist, hätte ich dich nicht vor zwei Jahren geheiratet", sinniert Klaus und schaut verliebt auf seinen Mann, mit dem er seit fünfunddreißig Jahren lebt.

Poldi, der gerade dabei war, wieder einzuschlafen, wird nun von zwei Wespen geärgert, denen er närrisch hinterherspringt. Die Krähe auf dem Gründach des Hauses beäugt verächtlich seine aussichtslose Verfolgungsjagd. Einige Bäume vibrieren vom Radau der Vögel, deren laute Daseinsfreude auch mich ansteckt, dass ich am liebsten einstimmen würde in ihren hellen Gesang.

„Jetzt sieht alles noch schlimmer aus", sagt Jan und setzt sich lachend wieder an den Tisch.

Ich nehme mir noch ein Stück Johannisbeertorte und schwelge in der festlichen Harmlosigkeit dieses Sommernachmittags. Der kesse Strohhut von Jan, den ich ihm in einem anderen Sommer geschenkt habe. Unsere Freunde Klaus und Rolf, die ebenso wie wir mit den Jahren und Jahrzehnten ein schrulliges Paar geworden sind, das zweisam allen Stürmen trotzt, auch ganz buchstäblich, wenn sie mit ihrem alten Segelboot auf der Ostsee törnen.

Poldi, der jetzt friedlich unter der Sonne döst und die schon wieder übermütig über ihm brummende Hummel nicht hört oder nicht hören will.

Die Johannisbeertorte, die Klaus und Rolf liebevoll vor allem für mich zubereitet haben, weil sie wissen, wie tortensüchtig ihr kranker Freund ist.

Drei Stücke sind übrig.

Dieser Sommer ist noch nicht vorbei.

Unzertrennliche

Christoph Klimke

Dieser Juli ist vollkommen verregnet, aber raus muss ich trotzdem. So zwingt mich meine Hündin Joi an diesem Sommermorgen aus unserem Bett. Herrchen Nr. 1 ist verreist und so bin ich dran. Ich ziehe meinen Anorak an und die Kapuze tief ins Gesicht. Es schüttet aus dem schwarzen Wolkenmeer. Kein Hund weit und breit, aber was sein muss, muss sein. Joi macht so schnell wie möglich ihr Geschäft und wir kehren um.

Zu Hause wird zuerst der Hund abgetrocknet, dann gibt's Frühstück für uns beide. Ich rufe Andreas an, den seit Monaten sein gerade stattfindender Umzug nach Heidelberg plagt. Von den Geliebten nun mal wieder getrennt zu sein, wiegt schwer auf seiner Seele und auch Joi und ich sind *not amused*. Aber das Theater Heidelberg verspricht ihm Bestes und somit riskieren wir die Fernbeziehung. Natürlich werden Herrchen Nr. 2 und Hund pendeln, so oft es eben geht, und das wird sehr oft sein.

Der heiße Tee schmeckt, ich setze mich zu Joi aufs Sofa und wir stöbern in der Fotokiste: Weihnachten 1965, ein kleines, quadratisches, gezacktes Schwarzweiß-Foto. Die Familie aufgereiht neben dem geschmückten Tannenbaum. Mein Vater trägt seinen dunklen Anzug mit Krawatte, Mutter ihr Samtkleid, mein ältester Bruder seine Sonntagshose, meine Schwester einen Faltenrock und wir beiden Jüngsten die selbst gestrickten Winterpullover. Perfekt in Szene gesetzte scheinbare Familienidylle jener Zeit.

Weihnachten 2001. Andreas, unsere Schäferhündin Happy und ich stapfen durch den Berliner Schnee. Es ist wohl die letzte Gassi-Runde vor der Bescherung. Happy sieht auf dem Foto aus wie ein Stadtwolf und wir beide mit unseren Pudelmützen wie zwei verliebte Jungs.

Ein Frühstücksbild 1976: Ich sitze am Tisch mit leuchtend blauem T-Shirt und kurzer Hose. Vor mir ein Cappuccino und Cornetto, ich halte grinsend ein Glas Erdbeermarmelade in die Kamera, vor mir aufgebaut der „Demian" von Hermann Hesse und tatsächlich Thomas Manns „Tod in Venedig". Mit den Säulenheiligen der Jugend zu zelten, war damals offensichtlich in. Ich überlege jetzt nur, wer dieses schöne Bild gemacht hat. Ich glaube, es war Manlio, der nette Kellner, der aus den Marken stammt und hier einen Sommerjob bestreitet. Seinem Onkel gehört der Campingplatz und Manlio bringt mich auf die Idee, Italienisch zu lernen und zwar richtig.

Sommer 1972: Ein Foto aus dem Zugabteil. Meine Mutter trägt ein selbst genähtes, buntes Sommerkleid, mein Vater und wir beiden Jungen kurze Hosen und meine Schwester einen schicken Urlaubslook. Wir fahren nach Forte dei Marmi an die Riviera. Nachmittags geht's los vom Klever Bahnhof mit dem roten Schienenbus nach Duisburg. Hier steigen wir in den Liegewagenzug um. Der Schaffner sammelt unsere Pässe ein. Wir haben das Abteil für uns und unsere Mutter packt sogleich die

Fresstasche mit Thermoskanne und belegten Broten aus. Wie das schmeckt! Und ratzfatz ist die Tasche leer. „Selbstversorger" nennt das Familienoberhaupt uns und wir missen nichts. Früher fuhren wir immer in die Berge und sahen auf den Urlaubsbildern aus wie die direkten Nachkommen von Luis Trenker, doch seit wir das Mittelmeer kennen, sind Adria und Riviera unser Sommersitz.

22. November 1989. Ein langer Geburtstagstisch im römischen Trastevere. An jenem Abend regnet es in Strömen so wie an diesem Morgen in Berlin. Ich wollte meinen dreißigsten Geburtstag eigentlich gar nicht feiern, aber meine Mitbewohnerin Marisa und ihre Katzen bestanden auf einem Fest mir zu Ehren. Marisas Freundin Sandra kocht mit uns Pasta mit Pesce, es gibt viel Vino und Bier und die Gäste sind bester Dinge. Mein Freund Giorgio ist da und so mancher Ehemaliger und die Stammgäste aus Sandras Enoteca vergnügen sich mit uns bis in die Morgenstunden.

Tage zuvor war ich mit Freundin Katja aus Berlin auf der Piazza Santa Maria in Trastevere zum Aperitif verabredet. Doch Katja, die so überpünktlich ist wie ich, lässt mich an diesem Abend warten. Es ist kalt in Rom und ich trinke einen Campari-Soda am Tresen. Dann kommt Katja hereingeweht und ruft mir zu: „Christoph, weißt du denn nichts?" Ich wusste wirklich nicht, wovon sie sprach, aber es war eben der Abend des 9. Novembers. Wir beide gehen zu mir nach Hause und bestaunen die Sondersendungen aus Berlin. Ich telefoniere mit meinem Vater, der Anfang der fünfziger Jahre Lehrer in Naumburg an der Saale war und an Heiligabend mit seiner Frau und dem Kleinkind über Berlin in den Westen geflohen ist. Sonst wäre ich wahrscheinlich auch am 9. November 1989 nicht in Rom und könnte mit Katja nicht die Menschen die Grenze passieren sehen. So sieht Glück aus.

August 2010. Andreas steht vor dem als Kunstraum umgebauten Sudhaus einer ehemaligen Brauerei in Bleiburg in

Kärnten. Er spielt bei den Salzburger Festspielen, während ich an „Nicht ohne meine Pfoten", einem Buch über Hunde, arbeite. Und wir beide gastieren in dem Städtchen unseres Freundes Johann Kresnik, mit dem ich seit vielen Jahren Theater mache. Wir lesen aus meinem Buch über Lorca und die Bude ist voll. Es regnet mal wieder, der Raum ist feucht und kalt, aber Hans Kresnik staunt, dass auch Bauern gekommen sind, die sonst nie ins Theater gehen.

Ein Foto Ende der achtziger Jahre. Ich stehe mit Alberto Moravia auf einer Terrasse in Sabaudia nahe Rom. Ich bin auf Vorbesichtigungstour zu einem Dokumentarfilm über den großen Romancier Italiens für das ZDF. Moravia zeigt mir sein Sommerhaus und nebenan das Haus seines ermordeten Freundes, dem Dichter Pier Paolo Pasolini. Moravia ist höflich und auskunftsbereit, aber ein ziemlich launischer Mensch. Bei den Dreharbeiten später merke ich, wie ungeduldig der alte Herr sein kann. Er verrät mir sein Lebensmotto: „Man muss verzweifelt sein, um nicht zu verzweifeln", ein Kierkegaard-Zitat. So nennen wir dann auch unseren Film, dessen Entstehung uns so manche Verzweiflung beschert hat.

Hündin Pazza badet in einem See nahe Neuruppin. Es muss Herbst sein, denn die Blätter sind braun-gelb. Unsere Mischlingshündin schwimmt geradewegs auf uns zu und hat einen Ast im Maul. Pazza ist unser Gute-Laune-Hund und kommt immer mit zu den Proben. Schäferhündin Happy ist schwermütiger, unser Kurzzeit-Collie Daisy sehr ängstlich, während Joi einfach nur lieb und verfressen ist. Andreas hat mir das Glück vermittelt, das du mit Hunden erlebst.

Frühjahr 1983: Ich lebe mit meinem Freund Bernhard in Pian di Scò nahe Florenz. Eigentlich soll ich jeden Tag in die Stadt fahren und meine Fächer Germanistik und Italianistik hier weiter studieren. Doch ich bleibe lieber in unserem gemieteten Bauernhaus und lese mich durch die Bücherberge, die ich im

Koffer für das eine Jahr hierher geschleppt habe. Vor meinem Arbeitszimmer steht ein großer Baum, an dem die orangefarbenen Kaki-Früchte reifen. Wein wächst, Tomaten, Salat, Zucchini, Auberginen und so sind wir fast Selbstversorger. Wir genießen die Freiheit fernab der Familien und planen unsere Zukunft, die dann natürlich anders verlaufen wird, als wir dachten.

Vor unserem Haus stehen meine Eltern und lachen mir in die Kamera. Jedes Jahr haben sie mich einmal besucht: hier in Pian di Scò, später in München und schließlich in Berlin. Am Ankunftsabend habe ich immer für die beiden gekocht, Freunde dazu eingeladen und an den anderen Abenden sind wir ins Theater gegangen. Eine Woche blieben sie, logierten aber stets im Hotel. Nach dem Tod meiner Mutter fragte mein Vater am Telefon immer nach meinem Freund. „Ist Andreas in deiner Nähe? Der soll ja gut auf dich Acht geben!" Solche Worte wären ihm in jenen Zeiten nie über die Lippen gekommen.

Eine Todesanzeige mit Porträtfoto. Mein Freund Norbert Klein ist im letzten Jahr verstorben. Er war Operndramaturg, ein unglaublich gebildeter und humorvoller Mensch. In vielen Kantinen haben wir geredet, geplant und gelacht. Ihm habe ich zu verdanken, dass ich Opernlibretti schreibe. November 2010. Ich stehe mit dem Komponisten Detlev Glanert an der Bühnenrampe der Staatsoper Nürnberg. Unsere Oper „Das Holzschiff" nach dem gleichnamigen Roman von Hans Henny Jahn wurde gerade in der Regie von Hans Kresnik uraufgeführt. Detlev und ich verbeugen uns, Dirigent, Regisseur, Sänger, Tänzer und Chor stehen hinter uns und applaudieren. Diesen Abend hätte es ohne Norbert, dem wir unser Musiktheater widmen, nie gegeben.

Wir sitzen am Lungomare in Palermo. Vor uns der Hafen, die weißen Schiffe, streunende Hunde und Katzen und abendliche Flaneure. Wir warten auf unsere Freunde, mit denen wir auf den Markt gehen wollen. Wir sollen alles für ein deutsches Gulasch einkaufen, das sie sich zum Abschied von uns gewünscht haben.

Es ist immer noch sehr heiß und wir verziehen uns mit den Einkaufstaschen in die stickige Küche. Aber die vielen Gläser kalten Weißweins stimmen uns froh und so dampfen die Töpfe und wir schwitzen um die Wette. Dieses Foto von Andreas und mir muss fünf Jahre alt sein. Danach konnte er nicht mehr mit mir nach Palermo kommen, da die Ferien beim Berliner Ensemble in den Hochsommer fallen. Dann ist es selbst deutschen Köchen dort zu heiß. Aber ich werde bald wieder dorthin aufbrechen und von Palermo aus auf die Liparische Insel Salina übersetzen. Nur ein paar Bücher im Gepäck und etwas Papier zum Schreiben, tauche ich in eine Welt zwischen den Welten.

Herbst 1990. Eine Dramaturgin aus Dortmund ruft mich an und lädt mich in ihr Autorenstudio ein. Ich soll sechs Wochen bei den Proben zu Tankred Dorsts Stück „Korbes" von der Leseprobe bis zur Premiere mitlaufen. So förderte das Theater Dortmund Autoren, von denen die Dramaturgin Cornelia meint, sie sollten auch für die Bühne schreiben. Das hatte in meinem Fall nie geahnte Folgen. Cornelia und ich sitzen in der Bismarckschänke, einer typischen Kneipe im Ruhrgebiet. Auf dem Foto sieht man die Theke, Stammgäste auf Barhockern, die Wirtin, die ihrer alten Pudeldame ähnelt. Der Gastraum verschwindet fast im Zigarettennebel, da damals in allen Kneipen noch kräftig gequalmt wurde. Wahrscheinlich entstand diese Aufnahme von uns beiden Trunkenen nach einer Abendprobe. Vor uns das Herrengedeck aus Bier und Korn und das Korbes-Textbuch, bereden wir wohl, was ich aus der Probenarbeit gewinne. Auf jeden Fall habe ich diese Freundschaft gewonnen und viele weitere Premieren als Dramaturg und Uraufführungen als Dramatiker. Da man das Glück bekanntermaßen nicht planen kann, hat es mich hier ereilt.

Amsterdam, Juli 1996. Ich warte vor dem Concertgebouw, wo gleich Ivo Pogorelich Beethoven-Sonaten spielen, nein, husten wird. Tatsächlich begleitet ein Dauerhusten das fabelhafte Klavierspiel des ehemaligen Beaus. Nach diesem seltsamen Konzert treffe ich Robin, der Inneneinrichtungen für Cartier entwirft, Balletttänzer in London war und aus Südafrika geflohen ist. Wir haben uns auf dem Flughafen Charles de Gaulle in Paris kennengelernt. Ich kam von Berlin und wollte in meine WG nach Rom. Er musste als Unterhosen-Modell nach Mailand. Das war 1988. Wir treffen uns regelmäßig und nun habe ich ein Stipendium in der Stadt, in der er eine neue Identität angenommen hat. Erst nach dem Ende der Apartheid verrät Robin seinen Freunden, dass er in den Theaterferien Partisanen an Waffen ausgebildet hat. Am 9. November 1989 ruft er meine Eltern an, um ihnen zum Untergang der DDR zu gratulieren. Am Tag nach dem Klavierkonzert fahre ich mit dem Zug von Amsterdam nach Kleve. Meine Mutter feiert ihren siebzigsten Geburtstag. Ich soll vor unserer großen Familie, die aus den neuen und alten Bundesländern angereist ist, eine Rede halten. Was mir sonst leicht fällt, ist mir an diesem Tag kaum möglich. Zu große Sorgen plagen mich um die Gesundheit meines Liebsten, Sorgen, von denen meine Eltern & Co. nichts ahnen. Doch ich gebe mir alle Mühe, das Familienglück zu steigern und mein Unglück zu verbergen.

Joi gähnt demonstrativ neben mir auf dem Sofa. Es hat aufgehört zu regnen und wir beide wollen raus. Ich stelle die Fotokiste wieder in das Regal in meinem Arbeitszimmer. Solche Bilder helfen Erinnerungen auf die über die Jahre schwach gewordenen Beine. Da wir kein Elefanten-Gedächtnis haben und der morgendliche Blick in den Spiegel oder in die Augen des Freundes eher Schemen der nächtlichen Träume wachrufen, sind solche bildlichen Eselsbrücken zu den eigenen Geschichten wichtig. Jois Laune ist bestens. Wir laufen am Landwehrkanal entlang und gehen in unser Kreuzberger Stammcafé. Andreas ruft aus Heidelberg an. Der Umzug ist vollbracht, wir werden ihn am Abend am Ostbahnhof abholen und unser Wiedersehen begießen. Inzwischen ähneln wir Agaporniden, den Unzertrennlichen, den kleinen bunten Papageien, die ohne einander nicht können.

Westberlin Sommer 1976

Mario Wirz

Aus Dörfern und Kleinstädten schwimmen wir gegen den Strom auf die Insel der glücklichen Außenseiter. Kriegsdienstverweigerer und Hausbesetzer. Künstler und Anarchisten. Studenten und Selbstverwirklicher. Flaneure und Freaks.

Träume bedeuten uns mehr als Tatsachen. Wir sind gerade nach Berlin gekommen.

Wir sind jung und unverwundbar. Die tyrannischen Gartenzwerge der Kindheit können uns nicht länger bedrohen. Sollen sie ohne uns die öden Konventionen und Normen der Spießer hüten. Nicht länger sind wir die Geiseln trostloser Sonntage hinter geweißten Gardinen. Hinter zänkischen Zäunen bleiben die ersten Kapitel unserer verwechselbaren Biografien. Dieser bedeutungslose Anfang ist nun zu Ende.

Muttersöhnchen und behütete Töchter wandern aus auf die Insel der Widerspenstigen. Wir lassen unsere Masken fallen, hinter denen wir bis zum Abitur in der Provinz überlebt haben.

Wir sind nicht wohlerzogen und brav. Wir sind wild und gefährlich. Wir sind außergewöhnlich und einzigartig. Wir feiern unseren glücklichen Größenwahn rund um die Uhr. Selbst im Schlaf leuchten wir wie Sterne am Horizont unserer Wünsche.

In jeder U-Bahn treffen künftige Weltstars künftige Nobelpreisträger. In der Stadt wimmelt es von Monroes und Brandos und Einsteins. Weltverbesserer und epochale Revolutionäre in den Geschichtsbüchern der Zukunft sind mit ihren Fahrrädern unterwegs, die in jedem Kiez von Wedding bis Charlottenburg verlässlich gestohlen werden.

Im „Dschungel" in der Nürnberger Straße tanzt der Bär mit dem Rotfuchs aus Kreuzberg und exotischen Hühnern aus Schöneberg, oder ist der Rotfuchs ein Gockel, und die Hühner sind verkleidete Wölfe? Jeder schreibt sein eigenes Drehbuch für die Bühnen der Nacht. Im „Dschungel" dieses jungen Sommers verwandeln wir uns allnächtlich.

Vor jedem der zahlreichen Spiegel sind wir das, was wir träumen. Ich bin Schauspielschüler und kess entschlossen zu einer großen Karriere an der Berliner „Schaubühne". An der Seite von Jutta Lampe und Bruno Ganz werde ich in spektakulären Peter-Stein-Inszenierungen Aufsehen erregen. Das Publikum wird meine unvergleichliche Intensität und meine ungeheure Einzigartigkeit mit frenetischem Applaus belohnen. Edith Clever, die erste Tragödin am Hause, wird im Zuschauerraum sitzen und vor Ergriffenheit weinen. Botho Strauß wird ein Stück nur für mich schreiben.

Theaterkritiker werden mich mit Gründgens und Kinski vergleichen und von meiner magischen Energie schwärmen. Die geilsten Typen der Stadt werden mit mir schlafen wollen.

1976 tanze ich in den von meiner Jugend berauschten Nächten mit David Bowie und Nina Hagen. Salomé, der Paradiesvogel der jungen Maler-Szene, flirtet offensiv mit Udo Lindenberg. Serge de Paris, der Travestiestar, der sich Jahre später in Zazie verwandeln wird, baggert mich offensiv an. Es wundert mich nicht, dass alle meiner zu allem entschlossenen Sinnlichkeit verfallen. Frauen tanzen mit Frauen. Männer tanzen mit Männern. Ich bin glücklich und gierig. Der Bärlinbär zieht mir das schwule Fell über die Ohren. In der Männerwildnis bin ich dünnhäutig und unersättlich, gleichzeitig Jäger und Beute. Berlin Sommer 1976. Schamloses Glück, jung und kraftvoll zu sein.

Unsere Körper sind außer sich vor Freude und feiern sich an allen Orten der Stadt, unschuldige Körpertiere. Wir ferkeln säuisch drauflos. Wir vögeln, beflügelt von Verlangen und Neugier. Wir tigern über den heißen Asphalt dieser Nächte. Wir rammeln bis zur Besinnungslosigkeit und vergessen das Hasenherz der Provinz. Wir wollen und können überall und immer.

Wir sind die „Sexuelle Revolution". Das Schlimmste, was denkbar ist, sind Filzläuse oder ein Tripper. Selbst die Syphilis müssen wir nicht fürchten.

In meinem ersten Sommer in Berlin übe ich Höhenflüge und Absturz. Ich suhle mich in den Büschen der Parks. Animalisch und göttlich.

Ich bin Zeus und nehme jede Gestalt an, die ich mir denken kann. Im Olymp meiner Fiktionen dauert dieser erste Sommer von 1976 viele Jahre.

Ich bin gerade nach Berlin gekommen. Anfang. Aufbruch. Abenteuer.

Adieu

Christoph Klimke

„Heute in zwei Wochen sterbe ich", sagt mein Freund Detlev Meyer zu mir. Die Stimme ist leise, klingt dabei aber sicher. Sein Blick sagt mir, bitte, versuch erst gar nicht, mich umzustimmen. Detlev liegt in dem weißen, frisch bezogenen Bett. Sein Freund macht gerade Besorgungen. Im Bad läuft die Waschmaschine und die Katze streicht mir um die Beine. „Ich kann das nicht mehr!", sagt er und ich nicke ihm zu.

Die letzten Monate waren für ihn eine einzige Tortur und Chancen auf Besserung sind nicht in Sicht. Immer wieder habe ich Detlev in Friedenau besucht und immer begrüßte er mich mit derselben Frage: „Wie sehe ich aus?", wohlwissend, dass er es damit seinem Gegenüber schwer macht. Heute habe ich ihm zwei Flaschen Champagner mitgebracht. Zum Lesen ist er längst zu schwach, die Korrekturen seines letzten Roman-Manuskripts hat er diktiert, den Ablauf der Beerdigung bis ins Detail festgelegt. Das Grab ist ausgesucht und nun ist der Abschied da.

„Mein Hausarzt kommt heute in zwei Wochen. Er will mir helfen. Wie geht es deinem Freund und eurem Hund?"

Ich berichte in zwei Sätzen von uns, da angesichts dieses Unglücks unser getrübtes Glück jetzt unwichtig ist. Ich erzähle Detlev von meinem Theaterprojekt: Ich verfasse aus Gabriel García Márquez' Roman „Hundert Jahre Einsamkeit" ein Libretto für das Choreografische Theater von Johann Kresnik. In Márquez' Macondo, jenem magischen Ort in Kolumbien, wollen die Protagonisten des Romans eine Welt erfinden, in der nicht allein das Geld regiert. Doch auch in Macondo stirbt die Utopie. In Detlevs Wohnung gibt es keine Utopie mehr.

Ich höre Detlevs Freund die Haustür öffnen. Wir begrüßen uns kurz. „Kannst du noch einen Moment in der Küche warten, dann zieh ich das Bett ab und wasch schnell noch eine Maschine. So geht das im Stundentakt." Ich verabschiede mich stumm von Detlev, der in seinen letzten zwei Wochen sich nicht mehr erklären will. Die Katze springt auf den Küchentisch und ich streichle sie. Durch das Fenster fällt schönstes Herbstlicht. Die Sonne blinzelt durch die alten Baumkronen. Wie traurig ich bin. Wie soll ich das meinem Freund erzählen, dem es selber nicht gut geht.

„So, du kannst jetzt los. Die Waschmaschine läuft."

„Wenn ich helfen kann, hab keine Scheu, mich anzurufen."

„Mach ich", lügt Detlevs Freund.

„Entweder wir lassen Ihren Vater in den nächsten zwei Wochen langsam, aber sicher verhungern oder wir bauen ihm eine Magensonde ein", schlägt der Stationsarzt meiner Schwester und mir vor. Wir sind fassungslos und bitten ihn um Rat. „Also, das müssen Sie schon selbst entscheiden. Ihr Vater kann ja nach dem Schlaganfall nicht mehr richtig sprechen und in seinem Zustand weiß ich nicht, ob man ihn überhaupt fragen soll." Er lächelt uns professionell an und macht auf dem Absatz kehrt. Wir stehen im

Klever Krankenhausflur. Wie hasse ich diesen Geruch. Wir gehen noch einmal zu unserem Vater, der völlig hilflos uns ansieht. Ich nehme seine Hand, die er festzuhalten versucht. Er schüttelt immer wieder seinen zittrigen Kopf. „Morgen komme ich wieder, du wirst sehen, dann geht's dir sicher etwas besser." Ich weiß, dass er mir nicht glaubt.

„Was sollen wir nur machen?", fragt meine Schwester und wir beschließen, Vaters Hausarzt zu konsultieren, der schließlich zum Eingriff rät. Am nächsten Tag besuche ich Vater noch einmal und verspreche ihm, dass ich bald wieder in meine Heimatstadt komme und ihn besuche. Mit schweren Gedanken und schlechtem Gefühl fahre ich zurück nach Berlin. Mein Vater bekommt seine Magensonde. Zwei Tage später ist er tot.

Jahre zuvor war meine Mutter nach langer Krankheit gestorben. Fast möchte man sagen, endlich gestorben. Vor der Beerdigung hatte ich Angst, vor allem vor dem Gefühl, dass ich bemerken muss, sie gar nicht richtig gekannt zu haben. Was weiß ich schon von ihrer Kindheit, dem Krieg, möglichen Liebschaften, Geheimnissen und unerfüllten Wünschen. Dann stehe ich am Grab, werfe Sand und eine Rose auf den Sarg, in dem meine kleine, zierliche Mutter liegt. Es ist kalt an diesem grauen Novembermorgen. Mein Vater zeigt sich so geschwächt wie selten und wir vier Geschwister stützen ihn. Ich sehe Sand und Rose auf dem Sarg und denke, es ist gut so.

Meinen Vater habe ich dreimal in meinem Leben weinen sehen: als das Telegramm aus der DDR kam, mit der Nachricht, dass sein Vater gestorben ist, in den Tagen nach dem Tod meiner Mutter und zuvor, als meine Eltern nach der Wende zum ersten Mal in die geeinte Doppelstadt Berlin kamen. September 1990: Mein Vater bittet mich, uns nach Babelsberg zu der Kaserne zu fahren, wo er 1936 als Siebzehnjähriger zum Militärdienst eingezogen wurde. Natürlich fahren wir drei dorthin und finden das graue, inzwischen von den Sowjet-Soldaten verlassene Gebäude. Mein Vater fingert aus der Manteltasche ein Fünf-Mark-Stück, kratzt den grauen Putz herunter und tatsächlich kommt ein leuchtendes Ockergelb zum Vorschein. „So sah die Kaserne aus, als ich hierher musste." Meinem Vater laufen die Tränen der letzten Jahrzehnte über die Wangen und er nimmt einen Schluck aus dem Flachmann, den er für diesen Moment mitgebracht hat.

Ich fliege von Köln-Bonn nach Berlin-Tegel. Es ist Samstagnachmittag und ich war auf der Probe zu „Hundert Jahre Einsamkeit", in Gedanken aber bei Detlev. Jetzt muss es passiert sein. Ich schließe meine Kreuzberger Wohnung auf, werfe die Tasche in die Ecke und eile zum Anrufbeantworter. Der Dritte in unserem Dichterbund, Mario Wirz, hat mir wie abgemacht aufs Band gesprochen. Detlev Meyer ist tot, aber er ist gestorben. Einfach so. Als heute Morgen der Arzt kam, konnte und musste er nichts mehr tun.

An Detlevs Büchern liebe ich die feine Ironie, die nur großen Melancholikern zu eigen ist. Wenn sie Glück haben, ziehen sie sich selbst aus dem Sumpf, der das Leben ist.

Waldwesen

Mario Wirz

Die Füchsin kennt mich. Wir sind uns in diesem Wald schon oft begegnet. Gelassen weicht sie mir aus und läuft weiter. Sie kennt den Achtjährigen, der mindestens einmal in der Woche mit seiner Mutter durch den Wald wandert. Sie weiß aber auch, dass ich mich jeden zweiten Tage alleine in ihrem Revier rumtreibe. Die Füchsin duldet den jungen Eindringling. Er lebt mit seiner Mutter in einem unfreundlichen Mietshaus am Rande einer hessischen Kleinstadt und flüchtet so oft wie möglich in den Wald.

Luft und Licht und Leichtigkeit. Augenblicke der Freiheit, in denen sich die Wirklichkeit der engen Wohnung und die zahlreichen Ängste der Mutter um den kränklichen Sohn vergessen lassen. Die Füchsin versteht alles und teilt großzügig ihre Welt mit mir.

Auch die Eichhörnchen sind freundlich und erlauben mir, unter ihren Bäumen zu sitzen und zu träumen. Wenn ich still und geduldig unter der Buche mit dem Elefantenfuß warte, kommen meine Freunde des Waldes und leisten mir Gesellschaft.

Die Eichhörnchen futtern unbekümmert die Früchte der Kieferzapfen vor meinen Augen. Ein dicker Hase beäugt mich sanft und neugierig. Vertrauensvoll zeigt mir die Igelmutter ihre Kinder. Sogar der Hirsch mit seinem prachtvollen Geweih stört sich nicht an meiner Gegenwart. Die Rehe scheinen scheu zu staunen. Voller Sympathie begrüßt mich der Buntspecht mit lautem Klopfen. Nur eine Wespe kann mich nicht leiden und sticht mich in den Nacken. Der Waldbach murmelt beschwichtigend und schenkt mir sein kühles Wasser, mit dessen Hilfe die Schwellung schnell kleiner wird.

Vögel, deren Namen ich nicht kenne, singen meine Gedanken hell.

Für eine Weile ist es so, als wäre auch ich ein Waldwesen.

Ich vergesse das Gehänsel meiner Mitschüler. Ich vergesse die Nachbarn, die über meine Mutter und ihren „Bastard" tuscheln. Ich vergesse meine tapfere Mama, die unserer Armut mit Humor und Einfallsreichtum trotzt.

Die Tiere des Waldes sind jetzt meine Familie. Die dreisten Dachse und das flinke Wiesel. Schmetterlinge und Vögel. Spinnen und Ameisen. Die Bache und ihre Frischlinge wissen, dass ich dazugehöre. Der Keiler grunzt immer unwillig, wenn er mich sieht, aber er gewöhnt sich an mich wie an ein lästiges Familienmitglied.

Dabei ist es meine Mama, an deren Seite ich den Wald kennenlerne. Sie liebt alle Bäume und nennt zärtlich ihre Namen. Ahorn und Buche. Birke und Erle. Eiche und Fichte. Kiefer und Ulme.

Wenn ich mit meiner Mutter durch den Wald wandere, bleiben die Tiere unsichtbar, weil wir laut sprechen und lachen. Meine fantasievolle Mama beginnt mit den ersten Sätzen für eine neue Geschichte, die ich mit meinen Erfindungen weiterspinne, bis sie den Erzählfaden wieder ergreift und ihn nach tollkühnen Wendungen und Ausschmückungen erneut an mich abgibt. Irgendwann ist unsere Geschichte fertig. Dann stellen wir sie auf den Kopf, und es entsteht mit Gelächter eine neue Fassung, ein anderer möglicher Anfang, von dem aus sich alles in eine ganz andere Richtung erzählen lässt.

Meine Freunde wissen, dass ich ihnen ihre Unsichtbarkeit an diesen Tagen nicht übelnehme. Mama ertappt mich auf unserem Spaziergang dabei, wie ich vor dem für ihre Augen nicht wahrnehmbaren Fuchsbau grüßend die Hand hebe. Sie wundert sich, fragt aber nichts, weil sie mit den seltsamen Launen ihres seltsamen Sohnes vertraut ist.

Der Wald spendet an diesem heißen Sommertag wohltuenden Schatten.

Ich sitze unter meiner Lieblingsbuche und warte mit klopfendem Herzen, bis die Füchsin erscheint und sich neben mich legt, als wäre es nie anders gewesen.

Sie will nicht, dass ich sie mit meinen von etlichen Bonbons verklebten Händen berühre, aber sie ist gerne mit mir zusammen.

Gemeinsam lauschen wir dem Wind in den Bäumen.

Dichter tötet man nicht

Christoph Klimke

Federico García Lorca wurde 1898 in Andalusien geboren und gilt als der bedeutendste Dichter Spaniens des letzten Jahrhunderts. Lorca, dem ein fantastisches Auftreten bescheinigt wird, ein echter Popstar der Lyrik und Sohn einer wohlhabenden Familie, wird mit den „Zigeunerromanzen" berühmt. Weltweit werden bis heute seine Theaterstücke gespielt, in denen es immer um die verhinderte Liebe zweier Menschen geht, die nicht zusammenkommen können. Lorca selbst war ein großer Melancholiker, der seine Homosexualität eher im Verborgenen auslebte. Seine erste Liebe galt Salvador Dalí, der am Lebensende in seiner Autobiografie schreibt, dass der junge Federico wohl die einzig wahre Liebe seines Lebens gewesen ist.

Erst im fernen New York und dann auf Kuba erfährt Lorca sein Glück, das er unbeschwert leben kann. Die andalusische Provinz, die unausgesprochenen Gesetze einer durch und durch katholischen Welt und die eigenen Komplexe lässt er hier hinter sich. 1936 wird Lorca von den Schergen Francos hingerichtet. Er wähnte sich ob seines Ruhmes sicher, obwohl Freunde ihn immer wieder gewarnt haben.

Pier Paolo Pasolini, 1922 in Friaul geboren, beginnt seine Schriftsteller-Karriere auch mit der Lyrik. Er arbeitet nach dem Studium als Lehrer und liest mit den Kindern sogleich die Gedichte der großen Dichter Italiens. Aufgrund einer Anzeige wegen Verführung Minderjähriger verliert er seinen Job und die Kommunistische Partei Italiens will sein Parteibuch zurück. Pasolini zieht mit seiner Mutter nach Rom, sie arbeitet als Putzfrau und er als Nachhilfelehrer. Die Jungen der Vorstädte zwischen Elend und Ewigkeit bringen dem Autor Pasolini ihre Sprache bei, in der er dann wiederum zwei Romane über diese verlorene Jugend schreibt.

Mit seinen Kinofilmen erreicht Pasolini schließlich das große Publikum und erweist sich als Medienprofi in eigener Sache. Er nutzt die rechte Presse und den Index, um gegen Staat und Kirche, Entrechtung, Umweltzerstörung und Konsumfaschismus zu kämpfen. Pasolini bleibt der bedeutendste Dichter des Nachkriegs-Italiens und hinterlässt ein wuchtiges Werk, in dem er die Umkehr propagiert, Umkehr, nicht als reaktionäre Bewegung, sondern als Rückgewinnung von Werten, die nicht der Gewinnmaximierung dienen.

1975 wird Pasolini von einem Stricher an den Strand nahe von Rom gelockt. Dort wartet ein zweiter Wagen. Er wird niedergeschlagen und schließlich mehrfach mit dem eigenen Wagen überfahren. Wer hinter diesem Mord steckt, ist bis heute unklar. Die italienische Justiz wollte und sollte wohl die Wahrheit nicht finden. Pasolinis Freund, der Romancier Alberto Moravia, hält den Nekrolog auf den ermordeten Künstler auf dem Campo dei Fiori, dem Platz, auf dem Giordano Bruno hingerichtet wurde, und beschuldigt die italienische Gesellschaft der Mittäterschaft. Sein Freund Pier Paolo sei einer der größten

Dichter Italiens und „Dichter tötet man nicht!" beschließt Moravia seine Rede.

Lorca, der das Unglück allzu gut kannte, schreibt von der Verpflichtung zum Glück. Gedichte lassen uns innehalten und in uns gehen. Ohne Muße keine Lyrik und ohne Umkehr kein weiter so. Das kann glücklich machen.

Nachts

Mario Wirz

Nachts verlasse ich heimlich unsere kleine Wohnung im dritten Stock. Ich bin zwölf Jahre alt und brauche diese freien Stunden für meinen Zorn. In der linken Hosentasche auf der Herzseite züngeln die Streichhölzer, mit denen ich vielleicht in dieser Nacht das eine oder andere Haus anzünden werde. Die hämischen Nachbarn, deren Geschwätz die Tage meiner Mutter verdunkelt, schlafen noch arglos. Niemand weiß vom Feuer hinter meiner Stirn. Die sonst immer so laut knarzenden Treppenstufen im Haus verbünden sich mit mir und sind mucksmäuschenstill unter meinen Schritten.

Nur in wenigen Häusern ist noch Licht. Jetzt ist die böse kleine Stadt mir auf Gnade oder Ungnade ausgeliefert. Für zwei, drei Stunden wähne ich mich allmächtig.

Ein von der Kleinstadtmenschheit enttäuschter Rachegott wandert hellwach durch die nächtlichen Straßen. Ich spiele, dass ich allmächtig bin, und dieses Spiel mit meiner Fantasie ist ein giftiges Glück. Rachesüß und rot. Der Rachegott ist ein Feuerteufel.

Alle, die meine Mutter und mich mit üblen Nachreden kränken, sollen in der Hölle schmoren. Kein Mitleid mit der dicken Frau F., die hinter unserem Rücken wispert: Da geht die alte Schlampe mit ihrem Bastard. Keine Vergebung für den Lehrer, der mich dem Gelächter der Klasse preisgibt: Dem Muttersöhnchen fehlt die strenge Hand eines Vaters. Harmlos und friedlich erscheinen die Häuser im Licht des Mondes, aber jedes zweite Haus ist ein Nest für Natterngezücht. Wahrscheinlich ist keine Schlange so verschlagen und scheinheilig wie die frömmelnden Kirchenbesucher, die sich gegenseitig die Hucke voll lügen und ohne jede Nächstenliebe sind.

Ich schwelge in meiner Abscheu und ahne, dass der Mann im Mond mich nicht ganz ernst nimmt. Wir wissen beide, dass die Streichhölzer auch in dieser Nacht nicht wirklich zum Einsatz kommen werden. Es reicht mir die Möglichkeit, ein zu allem entschlossener Brandstifter zu sein. Ich könnte die halbe Stadt in Schutt und Asche legen und verzichte auf meinen Vergeltungsschlag wegen der Tiere.

Frau F., deren Schandmaul jede Strafe verdiente, hat einen zutraulichen Kater, den ich mag. Tagsüber folgt er mir manchmal auf meinen Gängen durch die Stadt und reibt sich schnurrend an meinen Beinen, als wollte er mich trösten oder von mir getröstet werden, dass sein fettes Frauchen so schrecklich dumm und gemein ist.

Der ungerechte Lehrer, den ich hasse, lebt mit einem Dackel, der nichts dafür kann, dass sein Herrchen ein Widerling ist. Wer mit keinem Tier zusammenlebt, verdankt den unschuldigen Bäumen und Blumen im Garten, dass der zwölfjährige Rachegott Gnade walten lässt.

Auf der wurmstichigen Holzbank neben der gotischen Kirche am Marktplatz lasse ich mich nieder und genieße die kühne Stille meiner Nacht, in der sich alles denken und träumen lässt.

Eines Tages werde ich reich sein und meiner Mutter ein Schloss am See kaufen. Die garstigen Leute der Kleinstadt werden mit neidischen Augen vor dem Tor stehen und gaffen, während zahlreiche Diener große bunte Sahnetorten in den Schlossgarten bringen, in dem wir gerade ein Fest feiern.

Jetzt zünde ich mir mit den Streichhölzern aus meiner linken Hosentasche eine Zigarette an und puste den Rauch in alle Himmelsrichtungen, bis der Mann im Mond laut hustet.

Wo lebt Fortuna?

Christoph Klimke

Einmal im Monat geht's hinaus in die weite Welt. Dann fährt Familie Klimke mit dem Zug nach Krefeld, also in die Metropole des Niederrheins. Heute ist es wieder so weit. An diesem Samstagmorgen im November stehen wir früh auf. Es gibt Tee und Haferflocken in warmer Milch (iiih!). Wir tragen alle dicke Wolle und das Taxi zum Bahnhof steht vor der Tür. Die Zugfahrt dauert eine Stunde und durch den Nebel sind die Weiden, Höfe und Kuhherden kaum zu erkennen. Vom Krefelder Hauptbahnhof aus laufen wir in die Innenstadt. Im Kaufhof werden für die Brüder die neuen Sonntagshosen, für Mutter eine Bluse, Vater ein Schlips und die Schwester ein Kleid gekauft. Dann geht's rauf in den vierten Stock und wir nehmen das zweite Frühstück ein. Für mich ist das der Höhepunkt des Landlebens, dieses Frühstück, serviert auf einem orangefarbenen Tablett, dazu ein steinhart gekochtes, lauwarmes Ei, um dessen Eigelb sich ein grüner Rand gebildet hat. Egal, es schmeckt großartig und nach dem

Bummeln durch die Fußgängerzone der einstigen Seidenstadt genießen wir im legendären Café Heinemann noch Kakao mit Schweineohren. Herrlich!

Zu Hause wartet dann der Bücherschrank am Abend. Einmal in der Woche fahre ich mit dem Fahrrad in die Stadtbücherei und tausche meine Lektüre um. Es riecht nach vergilbtem Papier und Staub. Schnell sind Neuerwerbungen ausfindig gemacht, dann für Mutter noch zwei, drei Krimis aussuchen und wieder nach Hause radeln zum Schmökern im Bett. In der Pubertät ändern sich meine Vorlieben. Als Kind las ich „Oliver Twist" immer wieder, die unglückliche Geschichte des Waisenjungen, der sein Glück macht. Jetzt ist Alexander Solschenizyn mein Favorit. Ja, ich verschlinge die trostlosen dicken Schinken des russischen Nobelpreisträgers und „Archipel Gulag", „Im ersten Kreis der Hölle" oder „Krebsstation" werden so auch meine Themen. Literarisch sind diese Romane gar nicht so interessant. Aber sie verbildlichen dem jungen Mann, der auf einmal den Streit mit dem Vater sucht, die Lagerwelt, soweit das überhaupt möglich ist. Ein deutsches Konzentrationslager konnte kaum anders sein.

Als Kinder folgten wir beim Abendessen den „alten Sagen", wie unser brillanter Erzähler seine Kriegserlebnisse nannte, gebannt und sahen den Vater in Uniform hoch zu Ross durch brennende Dörfer reiten. Stallknecht und Schäferhund kamen kaum nach. Und dann lernte dieser junge Offizier unsere Mutter ausgerechnet in einem Dorf namens Liebenheim kennen. Den Adoleszenten kann das weniger überzeugen. Er weiß alles besser.

Und doch bleiben unglückliche Geschichten, Geschichten über Opfer, bis heute die Lektüre meiner Wahl.

Apropos: In Helsinki bin ich einmal zu einer Hochzeit geladen. Das Brautpaar mietet ein Lokal nahe dem Hafen. Es wird gut gegessen und getrunken, bis eine finnische Rockband aufspielt. Sie spielen einen finnischen Tango nach dem anderen, eine wunderschön melancholische Musik. Nach dem siebten Tango frage ich die Braut, ob zu diesem Anlass fröhlichere Klänge nicht angemessener wären. „Wir Finnen sind glücklich, wenn wir traurig sind." Diese beiden müssen überglücklich sein.

Gestern Abend beim Italiener um die Ecke: Wir essen Pizza und trinken den offenen Weißwein, der wie Gurkenwasser schmeckt. Da kommt Steinunn Sigurðardóttir mit ihrem Mann herein. Steinunn ist vor allem Romancier, aber sie schreibt auch Gedichte. Wir haben uns unter komischen Umständen in Turku kennengelernt. Wenn wir uns sehen, müssen wir sofort lachen. Über Bücher reden wir kaum, sie bestaunt eher unseren Hund, der aussieht wie eine Mischung aus Hyäne und Leberwurst. Heute berichtet sie am Telefon, dass Joi ihr eine ziemlich hohe Telefonrechnung bescheren wird. Schließlich hat sie soeben ihrer Dänisch-Übersetzerin, die gerade ihren sechzehn Jahre alten Hund einschläfern lassen musste, unsere Hündin beschrieben. Das traurige Frauchen musste zehn Minuten lang lachen, bis das Gespräch wieder auf die Literatur der Isländerin kam.

In Träumen geht alles durcheinander und hat doch eine geheimnisvolle Dramaturgie. Dann bin ich plötzlich bei meinen Eltern im Wohnzimmer, die beiden sitzen in ihren Sesseln, Freunde von mir, Kollegen oder unsere Hunde tauchen auf und ich frage mich im Schlaf, die kennen sich doch eigentlich gar nicht und Happy und Pazza leben nicht mehr und meine Eltern habe ich doch vor Kurzem noch an ihrem Grab besucht. Nie habe ich verstanden, wie ich den anderen Protagonisten meiner Träume solche Worte in den Mund legen kann. Jeder behält im Traum seine eigene Sprache. Übrigens auch die Hunde. Wenn sie träumen, jammern und winseln sie ganz leise, die Lider flackern auf und ab und die Pfoten bewegen sich, als müsste das Tier um sein Leben laufen. Dann streichle ich meinen Hund und er nimmt mich vielleicht mit in seinen Traum.

Regen

Mario Wirz

Irgendein verwahrloster, alter Bauernhof in Bayern. Auf dem Weg nach Italien besuchen wir Eule, der dort mit seiner Freundin lebt. Sie hat gestern Haschischplätzchen gebacken, die sich nun harmlos beige und eher unscheinbar in einer staubigen Holzschale tummeln. Ich bin sechzehn Jahre alt und habe bislang nur einige Male mit meinen Freunden ungeschickt und dilettantisch gekifft und dabei vor allem gehustet, weil ich den Joint wie eine Zigarette inhaliert habe. Tom und Gitte, die mich in ihrer roten Ente mitgenommen haben, damit der weltfremde Lümmel aus der Kleinstadt etwas von der Welt sieht, warnen mich vor der unberechenbaren Wirkung der besonderen Kekse.

Sie schauen sich an und lachen albern. Das liegt wahrscheinlich an dem dicken Joint, den sie sich vorhin gegönnt haben. Seit den Abiturprüfungen, die beide allen pessimistischen Prognosen zum Trotz bestanden haben, sind sie fast immer zum Lachen und Albernsein entschlossen, was mich nervt, weil mich ihr zweisames Gegacker ausschließt und ich mich oft wie das sprichwörtliche fünfte Rad am Wagen fühle.

Es ist Sommer, und ich bin heißhungrig nach der langen Fahrt. Wir sitzen alle in einer schmuddeligen Küche, in der leere Töpfe keine Hoffnung auf eine schnelle, kleine Mahlzeit aufkommen lassen. Die anderen sitzen rauchend und quasselnd am Tisch.

Eule, der sich mit seinen großen bernsteinfarbenen Augen hinter einer grotesk hässlichen Brille selbst einen komischen Kauz nennt, schwärmt von irgendwelchen neuen Drogen, die das Bewusstsein spektakulär weiten. Ich schnappe mir immer wieder einen jener besonderen Kekse, und da nichts passiert und sie auch nicht ungewöhnlich schmecken, ist die Schale recht schnell leer. Tom und Gitte grinsen schläfrig vor sich hin und kriegen nichts mehr mit. Auch die anderen wirken benommen von der Hitze des Tages.

Alle scheinen mit offenen Augen zu dösen. Nur Eule und die lästigen Fliegen sind hellwach. Die Zeiger der Küchenuhr laufen irre schnell über das Zifferblatt, als hätte die Zeit gerade beschlossen, durchzudrehen. Auch die anderen Dinge in der Küche spielen verrückt und verändern ständig ihre Form. Dem Küchenschrank wächst eine hölzerne Wampe, was mich mehr belustigt als beunruhigt. Ein alter Kater starrt auf die Brüste von Gitte und schnurrt lüstern. Die Freundin von Eule, deren Namen ich nicht verstanden habe, hört nicht auf zu lachen. Irgendwas ist passiert, und ich habe es nicht gemerkt.

Was ist das für ein seltsames Brausen in der Luft? Es rauscht und braust, als wären wir am tosenden Meer. Und dann donnert es aufrührerisch gegen das Fenster.

Etwas in mir jauchzt verzückt. Es regnet. Es regnet. Es regnet. Es regnet.

Der Regen, auf den Menschen und Bäume seit Wochen warten, geht als Jubellaut durch meinen ganzen Körper. Ich fühle mich geradezu besoffen vor innerem Gesang. Jetzt lacht auch der alte Kater und schaut zu, wie ich mir alle Klamotten vom Leib reiße und aus der Küche laufe und dann aus dem Haus, mitten hinein in den Regen, der mich wild und gierig erwartet. Wir hüpfen närrisch umeinander herum. Wir strecken unsere Arme zum Himmel und schenken ihm unser durstiges Herz. Der Himmel versteht, dass ich schreien muss, weil das Glück sonst nicht auszuhalten wäre. Mein Körper ist zu klein und zu dünn für das gewaltige, allumfassende Gefühl, das über mich gekommen ist.

Regenregenregenregenregenregenregenregenregenregen-regenregenregenregen!

Der Regen ist leidenschaftlich und maßlos. Er berührt jede Stelle an meinem Körper. Er wirft mich ins Gras und bedeckt mich mit nassen Küssen. Er reißt mich stürmisch hoch und rennt mit mir über Wiesen und Felder. Das Haus von Eule kann ich nicht mehr sehen.

Ich vergesse alles, was vor diesem Regen war. Wir gehören zusammen. Wir sind eins. Immer wieder zerren wir aneinander herum. Wir sind unersättlich. Wir liegen atemlos inmitten von Kühen und Pferden. Es ist uns egal, ob uns jemand sieht. Wir sind frei. Geradezu ungewöhnlich über alle Maßen frei. Noch nie dagewesen frei. Wir sind Rausch. Wir sind Orgie. Wir sind Ekstase. Es gibt keine Vergangenheit vor diesem Augenblick. Es gibt nur uns und Jetzt. Jetztjetztjetztjetztjetztjetztjetztjetztjetzt!

Der helle Wahnsinn, aber so hell und überirdisch leuchtend aus allen Poren, dass es eine Wollust ist, verrückt zu sein. Hallo Küchenuhr. Hallo Küchenschrank. Hallo alle übergeschnappten Dinge. Nie wieder normal. Nie wieder Kleinstadt. Gott selbst scheint aus seinem Himmel auf die Erde zu steigen, um mit uns zu tanzen und zu feiern. Es riecht nach Thymian und Jasmin und Heckenrosen und Gras und nackter Haut und Schweiß. Es riecht nach Leben und Glück. Ein Fest für die Nase. Meine Haare, schulterlang, wachsen in Sekunden bis zu meinen Knien.

Zwischendurch jage ich mit einem Pferd nackt über Wiesen und Felder. Zwischendurch fliege ich. Dann wieder tanzend.

Regenregenregenregenregenregen!

Sechzehn Jahre lang muss ich tot gewesen sein. Zum ersten Mal scheine ich zu atmen.

Riechen. Hören. Schmecken. Ich lebe. Eine Sensation.

Wie viele Jahrhunderte später hört es auf zu regnen?

Tom und Gitte und eine feiste Sonne lachen überheblich auf mich herab.

„Ist der Scherzkeks endlich wach?", grummelt Tom genervt. „Deinetwegen muss alles warten." Ich liege nackt vor der Scheune, neben mir schnurrt ein alter Kater.

„Du hast im Regen getanzt wie ein junger Gott", sagt Gitte und reicht mir meine Klamotten, die ich nun leider wieder brauche.

Wer's glaubt, wird selig

Christoph Klimke

Heute fingere ich eine echte Überraschung aus meinem Briefkasten. Die Katholische Kirche Nord-Neukölln, Gemeinde St. Christophorus, Kirche im sozialen Brennpunkt, schreibt mir in Gestalt eines Pfarrers, dessen Namen ich nicht entziffern kann. Auf diesem Vordruck ermahnt er mich zu einem Gespräch.

Tatsächlich bin ich vor zwei Wochen endlich aus der Kirche ausgetreten. Das hatte ich schon seit Jahren vor, habe aber den Weg zum Amt gescheut, da solche Termine einen ähnlichen Charme haben wie Besuche im Krankenhaus. Somit bin ich, der als Kind stolzer Messdiener war, nun Heide und – so meint der Hirte der Gemeinde, die den Namen meines Schutzheiligen trägt – offensichtlich unsozial. Die Kirche tue so viel Gutes für Obdachlose und Flüchtlinge, wie kann ich da keine Kirchensteuern mehr zahlen. Als würde ich seit Ewigkeiten nicht sowieso Hilfreiches tun, über das ich hier schweigen will.

Immerhin wünscht mir der Pfarrer für meinen weiteren Weg alles Gute. Ob er damit die Abkürzung zur Hölle meint, bleibt unklar.

Geboren bin ich am Totensonntag im November 1959, ein gutes Omen eigentlich. Im Kindergarten kommandierten uns Nonnen, die die Heilige Inquisition zurücksehnten, deshalb uns Ungehörige auf den Tisch stellten, damit alle anderen Kinder dann den Schuldigen auslachten. Geschlagen wurde in der Christus-König-Grundschule sowieso und auch im Freiherr-vom-Stein-Gymnasium herrschten alte Pauker, die als ehemalige Nazis sich hier im kleinen Kleve am Niederrhein wiedertrafen. Nun sind sie Demokraten und Pädagogen. Eigentlich hatte ich als Kind immer nur Angst, Angst vor den Lehrern, Angst zu Hause, nicht den Anforderungen eines Vaters zu genügen, der dich nur liebt, wenn du funktionierst. Meine Brüder waren natürlich auch Messdiener und somit war meine kirchliche Karriere vorgezeichnet. Mancher Frühgottesdienst um 6 Uhr 15 vor der Schule war mühsam; entschädigt wurden wir Jungen aber bei Beerdigungen, denn da gab's 50 Pfennig für jeden Kerzenträger und Weihrauchschwenker.

Im römischen Trastevere bin ich dann zwanzig Jahre später jeden Morgen nach dem Espresso auf der Piazza zur kleinen Kirche San Luigi dei Francesi nahe dem Pantheon geschlendert. Neben der Kirche ist ein Klempnerladen, in dem im Sommer die jungen Männer im blauen Overall und mit nacktem, braun gebranntem Oberkörper unter den Blicken der Touristen, Hausfrauen und den meinen Rohre durch die Gassen schleppen. Links neben dem Altar in dieser dunklen Kirche hängen drei gewaltige Bilder von Caravaggio. Das ist absoluter Luxus, wenn du jeden Tag diese Gemälde sehen kannst und dazu nicht ins Museum gehen musst.

Bald fliege ich nach Palermo. An den heißen Spätsommernachmittagen gehe ich oft in die Katakomben, wo kostümierte

Mumien in kühlen Gewölben den Besucher stumm begrüßen. Am Eingang bitten dich die greisen Mönche um eine Spende. Hier einen Platz finden oder auf dem Friedhof in Kleve, wo meine Eltern begraben sind? Oder eine See-Bestattung oder vielleicht eine Urne in einem Friedwald?

Kirchen und Friedhöfe sind wunderbare Orte, um innezuhalten. Woran man auch immer nicht glauben mag, ganz so ungläubig sind Menschen, die schreiben, malen oder Musik machen, sicher nicht. Wer's glaubt, wird selig, sagt man und so schreibe ich auch dieses neue Buch. Zum Glück!

Nachhilfelehrer

Mario Wirz

Die Armut meiner Mutter ist Stadtgespräch. Freundliche Nachbarn schenken uns Gemüse aus ihrem Garten und gebrauchte Hosen, Pullover und Schuhe ihrer Söhne, die denen nicht mehr passen oder nicht mehr gefallen. Andere Leute begaffen unser Leben mit geifernder Aufmerksamkeit und zerreißen sich lustvoll das Maul über unsere Sorgen, die sie uns gönnen, weil ihnen meine blaublütige Großmutter zu lange zu stolz auf ihre adlige Herkunft erschienen ist. Die gewesenen Grafen und Gräfinnen versinken für immer im Schnee von gestern. Der gesellschaftliche Abstieg unserer Familie ist für die Leute von F. ein tröstlicher Groschenroman aus der sogenannten Wirklichkeit.

Meine Mutter schmückt die kleine Wohnung mit Blumen, die sie regelmäßig auf den umliegenden Wiesen und am Wegesrand pflückt. Ich liebe das pathetische Feuer der Mohnblumen. Der Küchentisch scheint auf einem roten Meer zu segeln.

Weiße Margeriten und blaue Kornblumen wachsen üppig aus Vasen und Gläsern, auch aus Schüsseln und Töpfen. Nirgendwo ist Elend in unserer Wohnung, aber überall Pracht.

Wenn es am Ende eines Monats keine Kartoffeln und keine Nudeln mehr gibt, füllt meine Mutter die Teller randvoll mit lustigen und spannenden Geschichten, die sie sich ausdenkt. Ihr Einfallsreichtum ist so groß, dass er immer wieder glanzvoll ihre Geldnot versteckt. Es dauert lange, bis ich tatsächlich begreife, wie viel Tapferkeit meine Mama braucht, um uns beide mit ihrer mickrigen Rente von Monat zu Monat zu zaubern.

Zwei Jahre lang trage ich Zeitungen aus und verdiene etwas Geld, von dem ich die Hälfte meiner Mutter gebe. Der Job zwingt mich bei jedem Wetter früh aus dem Bett, aber selbst die verlässliche Höchstgeschwindigkeit eines fleißigen Zeitungsjungen verhindert nicht, dass ich zu oft zu spät in meinem Klassenzimmer erscheine. Die Lehrer meutern.

Ich muss mir einen anderen Job suchen. Mit vierzehn Jahren fange ich an, in der Nachbarschaft als Nachhilfelehrer für Deutsch, Englisch und Französisch zu arbeiten.

Die Noten meiner jungen Schüler verbessern sich rapide, und da ich immer wieder gründlich mit ihnen Vokabeln pauke, profitiere ich nicht nur geldlich von meiner neuen Tätigkeit. Meine Fremdsprachenlehrer staunen über meinen soliden Wortschatz.

Ich erwerbe mir einen gewissen Ruf und habe bald so viele Schüler, dass ich neuen Anfragen eine Absage erteilen muss.

In den Familien meiner Nachhilfeschüler lerne ich, wie glücklich ich sein kann, an der Seite einer gelassenen Mutter aufzuwachsen, die mir auch dann ihre Liebe zeigt, wenn ich nicht ihren Erwartungen entspreche, was mit Sicherheit oft der Fall ist.

Schrecklich ist der Terror ehrgeiziger Mütter, die ihre unglücklichen Söhne dazu nötigen, erfolgreiche Gymnasiasten zu sein, obwohl offensichtlich ist, wie viel Stress und Kummer dieser dumme Wunsch den Kindern bereitet. Noch während ich mit dem vom Lernstoff überforderten Schülern Englischvokabeln büffele, klingelt der Nachhilfelehrer für Mathe und Physik.

Zusätzlich zum Haushaltsgeld, das ich nun jeden Monat beisteuern kann, kaufe ich meiner Mama einen eleganten Wintermantel. Glücklich und mit stolzgeschwellter Brust begutachte ich weltmännisch die Mäntel, die meine Mutter im neu eröffneten „Modehaus" etwas verlegen vor den belustigten Blicken der Verkäuferinnen anprobiert.

So lange hat meine Mama auf alles verzichtet, um meine Wünsche erfüllen zu können. Nun bin ich entschlossen, die Rollen zu tauschen, was auch angemessen erscheint, wenn der große Lulatsch, in den ich mich verwandelt habe, neben seiner zierlichen Mutter durch die Straßen von Frankenberg läuft.

Gibt es im Unglück Glück?

Christoph Klimke

„Hallo, Herr Klimke, der Doktor möchte Sie sprechen. Können Sie heute Nachmittag in die Praxis kommen?", fragt mich an diesem Montagnachmittag in etwas mitleidigem Ton die Sprechstundenhilfe meines Hausarztes.

„Aber warum denn? Bei der MRT war doch alles okay. Die Ärztin hat sogar gesagt, meine Nieren seien super!"

„Kommen Sie bitte, ich kann Ihnen am Telefon keine Auskunft geben."

Verblüfft und verunsichert lege ich auf und mache mir Sorgen. Jetzt aber erst einmal in die Volksbühne am Rosa-Luxemburg-Platz; schließlich habe ich um 15 Uhr einen Termin bei der Betriebsdirektorin und dem Chefdramaturgen. Ich will den Vertrag für ein neues Auftragsstück verhandeln. Es ist Ende November und eigentlich geht es bald nach Heidelberg zu meinem Freund und zu unserer Hündin. Vor Weihnachten ist noch so viel zu erledigen.

Was kann denn da sein mit meinen blöden Nieren? Mein Arzt hatte mich am Freitag zum Ultraschall geschickt, denn der Blutdruck ist zu hoch und ich bin offensichtlich therapieresistent. Das Sonografie-Gerät war defekt und ich sollte dann eine MRT machen lassen. Hierzu müsse ich warten, wurde ich vorgewarnt.

Nach eineinhalb Stunden platzt mir der Kragen in diesem Kreuzberger Diagnostik-Zentrum, das eher einem Flughafen im ehemaligen Ostblock ähnelt denn einer Praxis für Menschen. Ich eile zur Rezeption und will einen neuen Termin machen, vielleicht im nächsten Jahr, es eilt ja nicht, und mein Blutdruck kann warten. Da kommt die Ärztin zu mir: „Sie sind jetzt an der Reihe. Oberkörper freimachen, Schuhe aus." Nach der lauten, stickigen Prozedur, die nichts für Klaustrophobiker ist, ziehe ich mich wieder an. „Sehen Sie mal hier, Ihre Nieren sind super!" Fein. Da hat die Hypertonie wohl andere Gründe.

Ich sitze bei der Betriebsdirektorin der Volksbühne und gebe mich routiniert. Die große Wanduhr hinter ihr starrt mich an. Ich muss mich beeilen, will ich noch rechtzeitig mit der S-Bahn nach Lichtenrade ans andere Ende der Stadt kommen. Wir vertagen freundlich unsere Verhandlungen und ich beschließe, die weitere Streiterei ums Geld einem Agenten zu übertragen.

Es ist schon fast dunkel und die Bahn wie immer überfüllt mit müden, stummen, ziemlich trostlosen Gestalten, die wie ferngesteuert ein- und aussteigen. Manche sind mit Weihnachtseinkäufen bepackt, andere starren allein aus dem Fenster ins Schwarze.

Die Praxis ist überfüllt, ich solle kurz Platz nehmen, mein Hausarzt sei sofort für mich da. Eine größere Drohung gibt es kaum in einer solchen Situation. „Sie haben einen Tumor an der linken Niere. Nehmen Sie die Bilder mit und geben Sie sie morgen in der Urologie im Auguste-Viktoria-Klinikum ab. Der Oberarzt und seine Kollegen werden sich die Bilder ansehen und beraten, was zu tun ist, und Sie dann übermorgen anrufen. Ich hätte Ihnen gerne etwas anderes gesagt. Auf Wiedersehen!"

Draußen ist es dunkel. Ich gehe langsam zum S-Bahnhof und sehe plötzlich lauter fröhliche, vor sich hin plappernde und lachende Menschen. Wie sage ich es nur meinem Freund, ist mein erster Gedanke. Was ist mit Weihnachten? Chemo? Bestrahlungen? Was für eine Operation ist nötig? Meine Mutter hat mit einer Niere gelebt, fällt mir ein und tröstet mich nicht. Tränen schießen mir in die Augen und ich wende mich ab. Noch drei Minuten bis zum Zug Richtung Kreuzberg. In dreizehn Sätzen erzähle ich Andreas am Handy, was los ist, und weiß es doch selber nicht. Ich versuche, zuversichtlich zu sein. „Lass uns telefonieren, wenn ich zu Hause bin", verabschiede ich mich. Ein Montagnachmittag Ende November. So schnell kann es gehen, sagt man. So schnell ist er da. Er war nie woanders, denke ich und schließe die ganze S-Bahn-Fahrt über die Augen.

Zu Hause telefoniere ich dann lange mit meinem Freund. Er will in Heidelberg alles hinschmeißen, mir unseren Hund bringen lassen. „Joi rettet dich!" Ja, schön wär's. Andreas klingt fast so tapfer wie ich, doch Angst wuchert ganz schnell durch den ganzen Körper von Kopf bis Fuß ins Herz, alle Gedanken sind verzweifelt zweckoptimistisch und überführen sich selbst der Lüge. Meine Schwester muss ich anrufen, Termine verschieben oder absagen, dann noch der Umzug nächste Woche von der Graefestraße in die Wiener Straße, ich weiß nicht, wie ich das alles schaffen soll, dabei werde ich gerade geschafft. Er reibt sich die Hände, weglaufen kann ich ja nicht.

Alle zehn Minuten telefonieren wir miteinander, versprechen uns alles und sind ohnmächtig. „Ich geh jetzt einen trinken", beschließe ich. „Ich auch und Joi auch", lautet die kluge Antwort. Ich laufe durch die winterlichen Straßen meines Viertels, in dem ich seit über siebenundzwanzig Jahren wohne. Zwischendurch habe ich ein paar Jahre in Italien gelebt und war viel weg wegen meiner Theaterproduktionen. Doch die Graefestraße ist mein Zuhause, meine Heimat nicht, die ist Kleve am Niederrhein, da, wo ich laufen gelernt habe und meine Eltern begraben sind. Meine Schwester und einer meiner Brüder leben dort. Im letzten Sommer haben wir hier unsere Verpartnerung gefeiert, ein schönes Fest ohne Krampf und so haben sich Andreas' Geschwister und meine endlich kennengelernt. Wir beide kennen uns über zwanzig Jahre.

Die Kneipen sind voll und doch traue ich mich in keine. Alle kennen mich hier und wollen sicher wissen, was mit mir ist. Die Frage kann ich nicht beantworten. Ich beschließe, zum Griechen um die Ecke zu gehen, in die „Weltlaterne", ein sympathischer Familienbetrieb. Hier ist es immer unkompliziert und außerdem bekomme ich ungefragt x Schnäpse. Die beste Medizin heute Abend.

Ich gebe mich komisch wie sonst auch und die Griechen prosten mir zu. Vielleicht habe ich sogar Glück gehabt, geht mir durch den Kopf: Hätte mein Arzt mich nicht zur Nierenuntersuchung geschickt, wäre das Ultraschallgerät nicht defekt gewesen und wäre ich aus jener Praxis geflohen, dann hätte man diesen Tumor wohl nicht entdeckt. Beschwerden habe ich ja nicht und eigentlich fühle ich mich fit: „Noch ein großes Bier, bitte!"

Andreas trinkt sich durch Heidelberg, er fehlt mir so sehr. „Du hast in zwei Wochen Premiere und ich liege ja nicht im Sterben", halte ich ihn auf. „Ruf Julia an, die kann dir das alles erklären!", ermuntert Andreas mich. „Ja, morgen Vormittag, nachdem ich die Bilder im AVK abgegeben habe."

Zu Hause mache ich eine Flasche Weißwein auf und stelle den Fernseher an. Die Bilder laufen ins Leere. Ich stiere vor mich hin und gehe nicht ans Telefon. Morgen mache ich mir eine Liste. Die Regale sind halb leer, erste Koffer und Kisten gepackt. Die

Wohnung in der Wiener Straße hat ein großes Zimmer mehr, so haben wir drei, wenn meine beiden nach Berlin zurückziehen, genug Platz. Brauchen wir den überhaupt noch? Ich habe alles gehabt, was ich mir an Schönstem denken kann, nur nicht undankbar sein, aber zu früh ist immer zu früh. Muss ich übermorgen in die Klinik, werde ich gleich operiert, wann komm ich wieder nach Hause, wann sehen wir uns und wann kannst du mich trösten? Ich sehe dich mit Joi durch die Siedlung in Heidelberg laufen. Schwaches Laternenlicht von Reihenhaus zu Reihenhaus. Der kleine Platz an der Lutherstraße. Unser Bistro „Jules", wo Ober Dominik gerade seiner kleinen Freundin Joi Leckerchen gibt. Wie gern wär ich jetzt dort.

Nach einer natürlich schlechten Nacht mache ich mich auf zum Auguste-Viktoria-Klinkum. Die MRT-Bilder gebe ich im Sekretariat ab, der Oberarzt werde mich morgen anrufen, verspricht die freundliche Sekretärin. Auf Station 5 nur alte Leute und der typische Klinikgeruch, der einen sofort krank macht. Wieder nach Hause und Julia anrufen, unsere Freundin, eine pensionierte Ärztin in Bonn-Bad Godesberg, lange Zeit Andreas' Vermieterin, als er noch am Schauspiel Bonn engagiert war. Julia hat eine guttuende Art der zuversichtlichen Erklärungen. So ist es auch dieses Mal. Ja, das müsse wohl operiert werden, der Tumor sei in einem Anfangsstadium und in der Regel hat man danach nie wieder Beschwerden. Nun, das klingt ja schon ganz anders!

Ich telefoniere mit Bernhard, mit dem ich vor siebenundzwanzig Jahren in die Graefestraße gezogen bin und der nun als Architekt wieder in unserem Heimatstädtchen Kleve lebt und arbeitet. Er hat ein paar Tage frei und will meinen Umzug managen. Großartig! Termine absagen, umlegen, die engsten Freunde anrufen, letzte, dringende Texte abschließen, abschicken, Schlafanzüge kaufen. Ich gehe zu Karstadt am Hermannplatz, kaufe zwei Schlafanzüge und komme mir vor wie ein alter Mann.

Die schönen Schlafanzughemden zum Zuknöpfen gibt es nicht mehr, muss ich feststellen, aber in meiner Situation kann man sowieso nicht wählerisch sein. Lächerlich.

Julia hat inzwischen Andreas etwas beruhigen können, der zwischen Vorstellungen und Endproben, Sorgen und nackter Angst wie ich kaum schlafen kann. Am Abend treffe ich Freunde und es beginnt das, was ich nun täglich zu Hause und dann im Krankenhaus tue, ich beruhige die anderen: Das ist gar nicht so schlimm, macht euch keine Sorgen, das geht gut aus, ihr werdet schon sehen. Anstrengend, solche falsche Rollenverteilung. Am nächsten Mittag ruft der Oberarzt an: Ja, der Tumor sei sehr wahrscheinlich bösartig; er und seine Kollegen haben sich beraten, sie wollen versuchen, die Niere zu retten, ein großer Eingriff, offene Nierenteilresektion, große Wunde, eine gute Woche muss ich rechnen, dann wird man sehen, das hat allerdings Zeit, im Dezember sind wir voll, Januar, geht das?

Ich aber möchte gestern operiert werden, so einigen wir uns auf den 7. Dezember, 11 Uhr 30. Dann bin ich dran. Der Oberarzt hat eine leise, feine Stimme, er ist geduldig und spult seine Erklärung, die er jeden Tag nach stundenlangen OPs fremden Ohren einflüstern muss, routiniert ab. Etwas beruhigt bin ich und die Alarmstufe rot schaltet auf gelb um.

Abend für Abend verabrede ich mich mit Freunden und halte kein Blatt vor den Mund. Basses Erstaunen und schieres Entsetzen wechseln einander ab, schließlich gelte ich als robust, rau und herzlich, einer, der sich kümmert und um den man sich nicht kümmern muss. Wär's nur schon vorbei, denke ich von morgens bis abends und überlege, was ich mitnehmen soll: ein Taschenbuch „Ziellose Umtriebe. Nachrichten vom Reisen und vom Daheimsein" von Günter Kunert aus dem Jahr 1979. 1979 hatte ich ein Jahr Abitur und machte in Kleve Zivildienst. Die Tagebücher von Virginia Woolf kommen in meine Tasche, Fotos von Joi, Schäferhündin Happy, Mischlingshündin Pazza und der

Collie-Dame Daisy. Andreas sowieso. Ein Foto von uns beiden. Solche Aufnahmen gibt es kaum, aber dieses Bild mag ich sehr. Man sieht uns beide trunken einander zuprosten in einer Septembernacht 2005. Die Uraufführung meines Stückes „Spiegelgrund" am Volkstheater Wien wird gefeiert, Andreas spielte die Hauptrolle. Wer kommt noch mit? Pingu natürlich, ein kleines, verschmutztes Etwas, made in Japan, das an einen Pinguin erinnern soll. Pingu hat uns schon so manches Mal das Leben gerettet.

Vielleicht ist der ganze Umzug ein Fehler. Vielleicht hätte ich auch nach Heidelberg ziehen sollen, egal wie lange das Engagement meines Freundes dort währen mag. Jetzt zusammen sein, wann denn sonst! Oft gehe ich nicht ans Telefon und höre erst nach Stunden besorgtes Nachfragen ab oder den Beratungsdienst der Telekom, die Krankengymnastin, warum ich die beiden letzten Termine versäumt hätte, unser Tierarzt, der daran erinnert, dass Joi ihre Jahresimpfung bekommen muss, die Bank, die falsch von mir ausgefüllte Überweisungen nicht tätigen kann, ein Freundespaar, das über Weihnachten und Silvester nach Berlin kommen möchte. Frohes Fest und Prost Neujahr.

Warte nicht auf ihn, er ist schon da. Lauf nicht fort, er ist der Igel und du bist der Hase. Unsichtbar ist er und sieht aus wie du. Freunde werdet ihr nie, mach dir nichts vor. Unsterblich ist allein er.

Am Montag Voruntersuchungen. Urin, Blut, EKG. Alles gut, wird mir versichert. Wie kann das sein, frage ich mich. Da wächst etwas in mir heran und ich spüre nichts, mein Herz spürt nichts, mein Blut, mein Urin, mein Hirn, niemand, nichts.

Heute Abend der letzte in Freiheit. Ich bin sowieso verabredet mit Micha, einem Choreografen aus München. Wir treffen uns im „I due emigranti", wo sonst. Andrea begrüßt mich herzlich und ich kläre ihn auf. Natürlich gibt es heute noch mehr birra, vino und den wunderbaren mirto, einen Digestif aus Sardinien.

Der hilft wenigstens. Nachdem ich mein Gegenüber eingeweiht habe, werde ich aufgeklärt: „Für Chinesen ist die Niere Träger der Lebensenergie. Wandlungsphase Wasser. Jahreszeit Winter. Bei Wasserübermaß kann es zu Komplikationen in den Nieren kommen. Dann soll man die Erdkomponenten stärken und weniger arbeiten." Aha! Klingt einfach. Aber ich bin kompliziert. So macht mich schon der Gedanke an Yoga aggressiv, aber vielleicht atmen lernen, also richtig atmen, das wäre etwas für mich.

Am Dienstagmorgen um 10 Uhr nehme ich noch den seit längeren vereinbarten Friseurtermin wahr und Coiffeur Maik erklärt mir beim Schnibbeln, dass er das AVK verklagen will, da die Ärzte dort seine Bauch-OP vermasselt haben. Ich schweige und sehe im Spiegel meine Haare auf den Boden fallen. Mittags mache ich mir eine Suppe warm, lege mich eine Stunde in mein Bett, dann rufe ich ein Taxi und auf geht's. Ciao, Graefestraße, denn wenn's gut geht, fahre ich in einer Woche vom AVK aus in die Wiener Straße. Der Taxifahrer fragt, ob ich krank sei, und ich gebe bereitwillig Auskunft. Er erzählt, seine kleine Tochter habe auch etwas an der Niere und die Familie fühle sich in der Charité schlecht beraten. Ich spiele den Experten und rate zum Oberarzt und Chefarzt der Urologie des Auguste-Viktoria-Klinikums, die seien die Nieren-Götter von Berlin und ich bin, obwohl in keiner Kirche zu Hause, dann gern auch deren Messdiener. Alles Gute!, wünschen wir uns und ich gehe die letzten Meter zu Fuß. 15 Uhr, was mache ich jetzt auf Station? Ich werde für diese Nacht im Haus 12 zwischengeparkt, denn in der Urologie ist kein Einzelzimmer frei. Ich habe eine Zusatzversicherung, die mich vor Gesprächen mit anderen Nierenkranken und deren Angehörigen verschont. Zudem sichert sie mir die Behandlung durch den Obergott zu.

Der eilt dann auch gleich zu mir, ein gut aussehender Arzt, der die Hauptrolle in einer Schönheitschirurgenserie spielen könnte. Der wandelnde Optimismus: Das wird schon, kein Problem, sechs Tage und Sie sind zu Hause, bei Ihren Werten ist das wahrscheinlich damit dann auch vorbei. Wieso glaube ich ihm nicht so ganz?

„Gehen Sie spazieren und trinken Sie ein Bierchen. Ab 22 Uhr nur noch Wasser und schlafen. Bis morgen!"

„Ja, bis morgen", antworte ich und mache mich auf den Weg. In der Rubensstraße Nieselregen und vereinzelt Passanten, die unter ihren schwarzen Schirmen verschwinden. In den Fenstern Weihnachtsdeko, alles in allem ziemlich ärmlich. Eine Pizzeria, in der der Chef allein auf Kundschaft wartet, ein Spätverkauf, ein Tiergeschäft. Was macht jetzt wohl Joi? Unsere kleine Hündin aus Málaga hat Glück gehabt und wir haben großes Glück mit ihr.

In der Eckkneipe neben dem Taxistand am AVK kehre ich ein. Ich hocke mich an die Bar und beobachte den einzigen besetzten Tisch, an dem ältere Stammgäste mit Weihnachtsmützen auf dem Kopf bei Bier, Schnaps, Glühwein und Currywurst Nikolaus feiern. Ich trinke langsam und genüsslich drei große Biere. Zeit schinden. Am letzten Wochenende war ich für drei Tage gerade noch einmal nach Heidelberg gefahren. Der Oberarzt hatte mir zugeraten, fahren Sie ruhig, wenn es Ihnen guttut. Was soll mir sonst guttun! Und so haben wir drei zwischen Proben, Vorstellungen und nächtlicher Gastronomie uns getröstet. Dann vorgestern mit dem Zug wieder nach Berlin, gestern Voruntersuchungen, heute Nikolaus.

Am nächsten Morgen um 10 Uhr 30 ist meine Tasche für den Umzug in die Urologie gepackt, eine Krankenschwester bringt mir einen Rasierapparat: „Die Schamhaare müssen weg, machen Sie das selbst oder soll ich?" Sie legt mir im Bad ein Papiertuch auf den Boden. Ich stelle mich darauf und bemühe mich. Nachthemd. Grüne Haube auf den Kopf. Warten. Um 11 Uhr werde ich abgeholt. Ein junger Hilfspfleger schiebt mich durch die Gänge vom Haus 12, in dem ich in den neunziger Jahren so viele Freunde besucht und so manche verloren habe, zum Haus 5. Im

Lastenaufzug geht's rauf zum OP-Vorraum. Warten. Nebenan höre ich das metallene Klappern des Bestecks. Mit einem Wasserstrahl wird hantiert. Eine freundliche Anästhesistin kommt zu mir und redet kurz, aber bestimmt auf mich ein. Ausgeliefert. Seltsame Ruhe. Weg.

Augen öffnen. Empor tauchen ins Licht des Aufwachraumes, Abgleiten in die unendlich wohltuende Betäubung, nicht mit Schlaf zu verwechseln. Will ich schon oder noch nicht? Eine Schwester hantiert an meinen Schläuchen herum, alles sei gut gegangen, ich komme gleich auf mein Zimmer. Mein Zimmer: ein Dreibettzimmer, in dem zwei ältere Herren vor sich hin schnarchen. Grauenhaft. „In einer Stunde gibt's Abendbrot. Der Chefarzt hat mit Ihrem Freund telefoniert, der weiß Bescheid, dass Sie wohlauf sind, später gebe ich Ihnen Ihr Handy. Morgen gibt's das Einzelzimmer. Versprochen." Aha. Wohlauf. Andreas weiß um mich. Wie gut. Über uns dreien flimmert der Fernseher ohne Ton. Ich erwarte eine Nacht ohne Schlaf, schlafen müsste ich nach dem dreistündigen Eingriff, aber was ist das gegen das mögliche Ende.

Die Schwestern bauen um mich herum einen Tropf neben dem anderen auf. Keine Intensivstation, denke ich, wahrscheinlich keine Chemo, die wohl für mich schlimmer wäre als diese Operation. „Hier, Herr Klimke, Ihr Abendbrot, Ihre Brille und Ihr Handy."

Drei Scheiben Vollkornbrot mit Wurstbergen unter einer Käseglocke aus Plastik. Vielleicht später den Joghurt, aber mein Bauch fühlt sich so voll an. Ich schalte mühsam mein Handy ein. Mehrere SMS und Sprachnachrichten, aber erst einmal den Freund anrufen. Unter Tränen natürlich, Tränen, von denen ich nicht weiß, ob sie vor lauter Glück fließen oder sich einfach die Nerven entkrampfen. Vielleicht ist das aber auch dasselbe. Andreas ist ganz aufgeregt und natürlich froh. Der Chefarzt habe ihm gesagt: „Herr Seifert, wir nähen gerade Ihren Freund zu. Es ist gut gelaufen." Ein Schauspielerfreund ist bei ihm, um die Warterei zu überstehen und so oder so Beistand zu leisten. „Vor dem Schlafen ruf ich dich noch mal an, ich muss jetzt allen Bescheid geben." Nun der Joghurt. Etwas Tee aus einer Plastikschnabeltasse. Die Männer schnarchen. Ein junger Arzt kommt und will mich beruhigen, der ich beruhigt bin.

Die nächsten Tage gehen schnell vorbei, obwohl der Tagesablauf im Krankenhaus immer derselbe ist. Wecken, Bettenmachen, waschen, essen, putzen, Visite, essen, schlafen, Besuch, Tee, Besuch, essen, vielleicht der Chefarzt am Abend, fernsehen, schwitzen, schlecht schlafen, zwischendurch lesen, telefonieren, beschwichtigen, die Furcht vertreiben, Alpträume, dann der erste Schlauch weg, der zweite und dritte, die Verdauung funktioniert: hurra! Vielleicht komme ich übermorgen nach Hause, also in die neue Wohnung. Der Umzug hat stattgefunden, alles in Ordnung.

Die Tür geht auf und eine fremde Frau tritt an mein Bett. Sie sei vom Sozialdienst und sieht aus wie vom evangelischen Kirchentag direkt hierher gebeamt. Mitleidig und voller Mission blickt sie auf mich herab. Ich könne eine Reha beantragen, will ich nicht, mein Hund ist meine Reha, einen Schwerstbehindertenantrag, will ich nicht, es wird mir wieder gut gehen und ich bin kein Schnorrer, dann aber beugt sich die professionell Gut-Meinende zu mir vor und streichelt meinen Oberarm mit ihrem Handrücken: „Vergessen Sie nicht, dass jeder Körper eine ganz kleine Seele hat und auch Ihr Körper hat eine ganz kleine Seele. Und auf diese Seele müssen Sie, wenn Sie wieder zu Hause sind, Acht geben!" Ich hab keine kleine Seele, sondern eine große, versuche ich ihr klarzumachen. Sie schüttelt leicht den Kopf und meint beim Abschied: „Ich habe schon Menschen erlebt, die haben gar keine Seele." Sprach's und verschwand.

Ich schleiche den Stationsflur auf und ab, der Kreislauf soll in Gang kommen. Am Ende des Flurs ein Plastikweihnachtsbaum und an jeder Tür klebt ein selbst gebastelter Weihnachtsmann, sicher in der Bastelgruppe jener Sozialtante gefertigt. Ich erinnere mich an meinen Zivildienst mit geistig Behinderten. Am trostlosesten waren hier immer die Karnevalstage, wenn Luftschlangen aufgehängt wurden und das Personal den Bewohnern und sich die Nasen rot angemalt hat.

Der Chefarzt will mich morgen entlassen. „Sie bekommen Frühstück, dann kommt ein Arzt, vielleicht hat er schon den histologischen Befund. Suchen Sie sich einen Urologen und gehen zum Ultraschall und einmal im Jahr zur Computertomografie. Ihre Prognose ist ziemlich gut." Ich packe schon meine Tasche, damit es morgen früh schnell geht.

Ich informiere die Freunde in der Wiener Straße, die mir den Kühlschrank füllen wollen. Die letzte Nacht im Krankenhaus. Noch einmal schlecht schlafen, da die Seite mit der großen Wunde wehtut. Die Klammern kommen in ein paar Tagen raus. Nun erst einmal die neue Wohnung genießen, die alte Wohnung an den Vermieter übergeben, ein Bahnticket für Heidelberg kaufen, vielleicht zwei CDs und Bücher für Andreas zu Weihnachten, mehr schaffe ich jetzt nicht. Eigentlich hatte ich Joi eine Kaschmir-Decke versprochen, aber meine andalusische Prinzessin ist großzügig und wird mir verzeihen. „Am Dienstag, dem 20. komme ich", kann ich endlich meinem Freund versprechen, der am 23. und 25. Dezember Vorstellung hat und deshalb den Heiligen Abend nicht in Berlin verbringen kann. Ein besonderes Weihnachten für mich und für uns. Ganz sicher.

„Die OP ist sehr gut verlaufen", murmelt der junge Assistenzarzt vor sich hin, während er in meinen Unterlagen blättert. „Der Tumor war bösartig, hat aber den schwächsten Grad an Gefährlichkeit." Die gute Nachricht in der schlechten. „Alles Weitere macht Ihr Urologe. Alles Gute!" Ich verabschiede mich von der Stationsschwester und gehe mit der Tasche Richtung Ausgang. Als ich vor Tagen hier reinkam, kam mir ein alter Mann mit

seiner Tasche entgegen und hat mir auf seinem Heimweg zu-
genickt. Ich sehe die Eckkneipe, in der auch an diesem Morgen
die Trinker sich die Zeit vertreiben. Bin ich eines Wunders an-
sichtig geworden? Ist er fort? Gewiss nicht. Man kann nicht von
sich absehen. „Wiener Straße", sage ich dem Taxifahrer und los
geht die Reise. Fremd bin ich hergekommen. Mir nahe verlasse
ich diesen Ort. Eine neue Wohnung. Ein altes Leben. Ich werde
wieder zu Kräften kommen, schreiben, reisen. Neue Bücher, viele
Premieren. Mir wurde etwas weggeschnitten, das von meinem
Dasein Nachricht gegeben hat und immerhin nicht von meinem
Dagewesensein.

Tiger

Mario Wirz

Claudia, die ein Zimmer ihrer Wohnung an mich vermietet hat, ist irritiert von der temperamentvollen Deutlichkeit, mit der ihr scheuer Kater um die Gunst des Untermieters buhlt. Die seltsame Liebesgeschichte beginnt am Tag meines Einzugs.

Tiger, ein siamesischer Kater, der bislang vor jedem Fremden geradezu panisch geflohen ist, weicht nicht von meiner Seite. Er schnurrt schmachtend und funkelt mich verliebt aus seinen schönen blauen Augen an. Ein schwuler Kater, lacht Christian, ein mir beim Umzug behilflicher Kollege vom Jugendtheater Kiel, für das ich seit 1981 als Schauspieler, Regisseur und Autor arbeite. Es sieht tatsächlich so aus, als müsste jedes Lebewesen meinem Charme verfallen, scherze ich und wundere mich über die schnelle, glückliche Vertrautheit, die ich in der Gegenwart von Tiger empfinde, der von nun an jede Nacht bei mir schlafen will. Claudia, eine vom Eros italienischer Männer besessene Dreiundzwanzigjährige, weiß schon genug von den Wirrnissen und Rätseln der Liebe und toleriert schweren Herzens die Gefühle ihres Katers, der sich nicht darum kümmert, was andere Leute von seiner Leidenschaft für mich denken. Wenn ich in der Mittagspause von der Probe nach Hause komme, wartet er geduldig an der Wohnungstür auf mich und begrüßt mich ungestüm, um mir danach auf Schritt und Tritt zu folgen. Der Kater ist dir hörig wie ein dummer Hund, spottet Claudia und bemüht sich um einen leichten Ton, aber ich spüre ihre Traurigkeit.

Die Anhänglichkeit von Tiger nervt mich nur wenige Tage. Längst erwidere ich die Gefühle meines vierbeinigen Gefährten mit dem weichen Fell. Jeden Tag freue ich mich auf den kleinen Mittagsschlaf, den wir uns zweisam mit ausführlichem Kuscheln gönnen, bevor ich wieder ins Theater muss. Nach den Vorstellungen treibe ich mich nicht mehr wie früher stundenlang in den Parks herum, um geile Männer zu jagen oder mich jagen zu lassen. Ich weiß, dass mein Kater auf mich wartet, und habe selbst Sehnsucht, die mich schnell wieder zu ihm treibt. Es gibt keine größere Seligkeit als sein zärtliches Schnurren an meinem Ohr.

In Vollmondnächten, wenn ich unbeschwert bin von Vernunft und allzu dominanter Nüchternheit, verwandele ich mich an der Seite meines Geliebten in ein leichtfüßiges Wesen, das ihm in geheimnisvolle Welten folgt, die im skeptischen Licht des Tages wieder unsichtbar für mich sind. Doch auch in der vordergründigen Realität sind wir ein Herz und eine Seele. Die Unzertrennlichen, lästert Claudia und tröstet sich mit attraktiven Italienern, die sie in Kiel auch an Orten findet, wo es eigentlich gar keine Italiener gibt.

In diesem glücklichen Sommer kann ich noch nicht wissen, dass Claudia zehn Jahre später als Ehefrau eines römischen Sängers in Florenz leben wird, doch schon 1981 widme ich ihr ein Theaterstück mit dem Titel: „Bella Italia", das von der Sehnsucht nach einem anderen Leben handelt. Auf meinem Schreibtisch thront Tiger und schaut verträumt aus dem Fenster. Von Zeit zu Zeit dreht er seinen Kopf zu mir und liest, was ich geschrieben habe.

Von Schutzengeln

Christoph Klimke

Nun scheint doch alles gut zu werden. Die Operation ist überstanden und die Klammern sind entfernt. Die Narbe tut zwar noch weh, das sei ganz normal, meinen die Ärzte, aber ich kann zu Andreas und Joi nach Heidelberg reisen und wir werden zusammen Weihnachten feiern. So sitze ich müde, aber guten Mutes im überfüllten ICE von Berlin nach Mannheim, steige dort in die S-Bahn und werde in Heidelberg am Bahnhof von meinem Freund und viel Regen empfangen. Andreas nimmt mein Gepäck, ab ins Taxi und zu unserem Hund, der in der Wohnung im Kastellweg auf uns wartet.

Im Krankenhaus habe ich mit einem Foto von meinen beiden jeden Morgen und jede Nacht begrüßt und mir somit in der Nachttischschublade ein kleines Zuhause bewahrt. Joi begrüßt mich stürmisch, wirft sich gleich auf den Rücken und will ausgiebig gestreichelt werden. Drei Wochen haben wir uns nicht gesehen und das war wirklich endlos. An diesem Abend geht es natürlich ins

„Jules", wo Ober Dominik mich erleichtert empfängt. Ja, die kleine Welt ist jetzt gut so und wir freuen uns auf diese Tage am Neckar.

Am nächsten Morgen Gassi gehen, frühstücken, einkaufen und wieder Gassi gehen. Für die zweite Runde fahren wir mit dem Auto nach Wieblingen ganz nahe bei Heidelberg. Hier kann man am Fluss lange über die Wiesen ohne Autos oder Fahrräder mit dem Hund laufen und begegnet zahllosen Vierbeinern. Die Sonne scheint, der Nebel verzieht sich aus dem Neckar und plötzlich sehen wir in den kahlen Wipfeln der Obstgärten große grüne Vögel mit roten Schnäbeln uns beäugen. Zahllose Halsbandsittiche, offensichtlich einst Käfigen entflohen, haben sich hier niedergelassen und prächtig vermehrt. Tatsächlich fliegen wohl an die fünfzig Papageien kreischend auf und Joi und wir meinen, am Amazonas und nicht in Baden-Württemberg zu sein. Was für ein Anblick, wie sie aufschwärmen, auseinanderfliegen, sich vereinzelt in die Kronen setzen oder wieder zusammenfinden. Eigentlich in den Savannengebieten Afrikas und dem indischen Subkontinent beheimatet und später in Volieren im englischen Norfolk gehalten, fühlen sich die Flüchtlinge im kühlen Exil offensichtlich wohl. Im Sommer werden sie hier die Obstbäume und Sträucher plündern und heute am Tag vor Heiligabend bieten Baumhöhlen und löchrige Hausfassaden Schutz. Ob sie den Fledermäusen, Kleibern und Spechten die Bruthöhlen streitig machen, ist unserem Hund herzlich egal. Joi will umkehren und sich und uns langsam, aber sicher auf das Mittagessen vorbereiten. Die Papageien grüßen uns mit ihrem unverwechselbaren Gekreische: bis morgen! Immerhin Habichte und Wanderfalken sollen hier ihre natürlichen Feinde sein.

Meinen natürlichen Feind habe ich gerade mit Hilfe der Medizin und einiger Heerscharen von Schutzengeln besiegen wollen. Die Papageien mit ihrem grünen Gefieder, dem knallroten Schnabel und dem Namen gebenden Band, das den Hals der Männchen ziert, lieben ihre neue Freiheit. Weihnachten kann nicht nur kommen. Das Fest hat längst begonnen.

Debüt

Mario Wirz

1982 erscheint in einem kleinen Verlag in Göttingen mein erster Lyrikband. Ein kobaltblaues Büchlein mit Zeichnungen des Jugendstilkünstlers Aubrey Beardsley, der durch seine Illustrationen für die Werke von Oscar Wilde Weltruhm erlangt hat.

Andächtig stehe ich an diesem Oktobernachmittag in einer Kieler Buchhandlung und schaue stumm und staunend auf den blauen Stapel mit meinen Büchern. Kaum kann ich glauben, was ich sehe: Mein Name auf einem Buch. Mein erstes Buch.

Jetzt in diesem Augenblick liest vielleicht jemand in einem Café in Köln meine Gedichte. Jetzt in diesem Augenblick kauft vielleicht jemand in einer Buchhandlung in Freiburg meinen Lyrikband. Jetzt in diesem Augenblick schreibt vielleicht ein schöner junger Mann in Hamburg seinen ersten Leserbrief an einen jungen Dichter, den er unbedingt persönlich kennenlernen will. Ich wage es nicht, ein Buch anzufassen, weil meine Hände vor lauter Aufregung kalt und nass sind. Ein Schweißfleck vom

Dichter selbst auf seinem Buch wäre wahrscheinlich auch für potenzielle Bewunderer nichts, was sie sich wünschen.

Vielleicht in hundert Jahren, kichert es größenwahnsinnig in meinem Oberstübchen.

Solange ich hier vor meinem Werk rumlungere, verhindere ich, dass andere sich von der blauen Anmut dieser Neuerscheinung verführen lassen. Schnell verlasse ich den Laden und unterdrücke das jähe Verlangen, mich dem Buchhändler vorzustellen.

Auf der Holtenauer Straße hupen die Autofahrer wie an allen anderen Tagen. Sie kommen von irgendwoher und fahren irgendwohin und wissen nicht, dass vor wenigen Tagen mein erster Lyrikband erschienen ist. Auch die Fußgänger schlendern bestürzend arglos durch diesen Nachmittag und betrachten in den Schaufenstern Dinge, die sie nicht brauchen. Sie alle möchte ich freudig umarmen und auffordern, sich sofort mein Buch zu kaufen. Möglicherweise ließe sich der eine oder die andere von der Unentbehrlichkeit meiner Gedichte überzeugen, aber für diese missionarische Aufgabe fehlt mir der Mut.

Stattdessen schreibe ich übergeschnappte Briefe an alle Freunde und Tanten und Kusinen und nötige sie schamlos, mein Werk käuflich zu erwerben und nie wieder etwas anderes zu verschenken als meinen Lyrikband. Wäre ich wohlhabend und kein unterbezahlter Schauspieler am Jugendtheater Kiel, würde ich die erste Auflage meines Buches selbst kaufen, um es allen, aber auch allen Kollegen und Nachbarn zu schenken.

Auch mein Bäcker, der Friseur und sogar mein Zahnarzt blieben nicht verschont von meiner aufdringlichen Lyrik-Offensive.

Einen Tontechniker vom Theater, der mir fast schuldbewusst sein grundsätzliches Desinteresse an Lyrik beichtet, boxe ich sachte und tröstend in die Seite und sage: Meine Gedichte lieben auch dich! Ich scherze blasphemisch, kann es aber wirklich nicht fassen, dass jemand freiwillig auf das Glück verzichtet, meinen Lyrikband zu besitzen.

Mindestens einmal in der Woche pilgere ich zu dem blauen Stapel in der Buchhandlung und prüfe, ob er etwas kleiner geworden ist.

„Beinahe hätte gestern Vormittag eine ältere Dame Ihr Büchlein gekauft. Sie hat sich dann aber doch für Ihren nicht ganz so bekannten Kollegen entschieden", spöttelt der Buchhändler, der den närrischen Dichter inzwischen kennt.

Ich lache und gönne Ringelnatz die neue Leserin. Es ist Oktober 1982. Ich bin jung und habe gerade mein erstes Buch veröffentlicht. Seit einigen Tagen hängen überall Plakate, die die Uraufführung meines ersten Theaterstückes ankündigen.

Schon jetzt bin ich in Kiel weltberühmt.

Name dropping

Christoph Klimke

Ich sehe im Fernsehen Helmut Berger am Strand spazieren gehen. Er zeigt einem Kamerateam die Villa, in der er mit dem Regisseur Luchino Visconti gelebt hat. Da der große Mann des italienischen Kinos früh schlafen ging, ließ er für seinen Liebhaber und dessen Freunde vis-à-vis einen kleinen Palazzo errichten. Dort feierten dann Helmut and friends berühmt-berüchtigte Partys. Das ist lange her und Herr Berger, inzwischen betagt und beleibt, erzählt mit wehmütigem Blick von seiner langen Jugend. Irgendwann hält er inne und schaut irritiert in die im Meer untergehende Sonne. „Hier war doch früher noch etwas", überlegt der Schauspieler. „Ach richtig! Hier stand eine Klippe, die ließ Luchino für mich wegsprengen, damit ich den Sonnenuntergang sehen kann." Das muss Liebe sein.

Ein deutscher Komponist, der nahe Rom lebt, führt mich in seinem Park umher. „Siehst du etwas, Christoph?" Natürlich sehe ich die große Gartenkunst, aber mein Gastgeber zeigt auf die inzwischen hochgewachsenen Bäume und vor allem Hecken, die alles Hässliche dahinter erfolgreich verdecken. Keine Neubauten, Ruinen, Fabriken oder Müllhalden sind in Sicht. Nur das Grün, die Blumen und Sträucher, Brunnen, schattigen Wege und in der Ferne das Meer existieren, als gäbe es nur diese Villa und sonst nichts und niemanden. Derselbe Maestro ruft mich zu Hause in Berlin an: „Ich wohne im Esplanade, hast du Lust, zum Dinner herzukommen?" Habe ich. Pünktlich um 20 Uhr bin ich an der Rezeption des Hotels am Landwehrkanal, der Herr lässt bitten und ich klingle an seiner Suite. Der stattliche Mann empfängt mich im Bademantel, ich solle schnell hereinkommen, er brauche dringend etwas Befreiendes, ob ich da Kontakt hätte. Habe ich nicht, ahne aber, was ihm fehlt. Ich warte unten an der Bar eine halbe Stunde, da kommt der gerade noch Hysterische nun ganz gelassen und elegant zu mir: „Champagner oder Whiskey?" Die gesuchte Medizin hat wohl ihre Wirkung getan. Gewusst wie.

Ich drehe mit einem Freund einen Film über Pier Paolo Pasolinis Rom für den WDR und Arte. Der Dichter und seine Stadt geben tatsächlich viel her. Wir treffen Dino Pedriali, den Fotografen des italienischen Dichters und Filmregisseurs, der 1975 umgebracht wurde. Dino hat ihn wenige Wochen vor seinem Tod portraitiert: zwei Aktfotoserien entstehen unter der Regie Pasolinis: Nudo di notte und Nudo di giorno. Pasolini liegt nackt auf dem Bett in seinem Haus in Chia bei Rom. Er liest ein Buch, dann schaut er auf, er fühlt sich beobachtet. Er legt das Buch weg und tritt ans Fenster. Auf dem Bett lässt er das Buch zurück: Ein Lyrikband von Rimbaud. Pasolini, der Skeptiker, wollte seinen „Körper in den Kampf werfen" und mit den „Waffen der Poesie" kämpfen. Doch da irrte schon Heinrich Mann, der glaubte, die Bücher von heute seien die „Taten von morgen".

Wir treffen einen alten Mann, der als Junge mit Pasolini in den Vorstädten Roms Fußball gespielt hat. Über diese Jugend hat der prominente Mitspieler zwei Romane geschrieben: „Ragazzi di vita" und „Una vita violenta". Er hat die Sprache der Straße gelernt und diesem Jungen ohne Aussicht auf eine gesicherte Zukunft in seiner Stadt zwischen Elend und Ewigkeit ein Denkmal gesetzt. Unser Interview-Partner ist bis heute stolz darauf, dass er in diesen Büchern vorkommt.

Ein italienischer Komponist bittet zum Abendessen auf seine Dachterrasse nahe dem Forum Romanum. Ein unglaublicher Blick tut sich hier auf und wir werden von diskretem Personal verwöhnt. Über den Gastgeber ist das Gerücht im Umlauf, er entwerfe nur eine musikalische Skizze und seine Assistenten schrieben die ganze Komposition.

Gegen Morgen verabschieden wir uns voneinander, der alte Herr geleitet mich an die Tür: „Ich will Ihnen meine Karte geben." Er fingert eine kleine, silberne Schachtel aus der Sakko-Innentasche und überreicht mir seine Visitenkarte. Auf schönstem Papier steht da: nichts. Mit dem Füllfederhalter schreibt er mir dann das auf, was ich wissen soll. Die eleganteste Visitenkarte meines Lebens.

Die Schauspielerin Marianne Hoppe bittet mich ins Kempinski. Sie hat mein Stück „Die Siamesischen Zwillinge" gelesen und will es tatsächlich spielen. Das habe ich nicht allein der Qualität des Textes zu verdanken, sondern vielmehr meinem Freund, der vor Jahren am Schauspiel Frankfurt bei Robert Wilson mit ihr gespielt hat. Sie war König Lear und Andreas der Narr. Es gibt Szenenfotos von beiden, auf denen sie sich überraschend ähneln. Eines der Fotos hängt über meinem Schreibtisch. Auf dem Weg zur Hoppe bin ich durchaus nervös, zumal sie als nicht ganz unkompliziert gilt. Die Tür zu ihrem Zimmer ist angelehnt. Ich höre sie reden und denke, sie telefoniert, und warte auf dem Hotelflur. Da reißt sie mit einem Nu die Tür ganz auf und sagt harsch: „Warum kommen Sie denn nicht herein?" Ich sehe eine alte Frau in einer Art Trainingsanzug mit der Zigarette in der einen und meinem Textbuch in der anderen Hand. „Gutes Stück", lobt sie kurz und knapp, „Andreas Seifert sehr gut!" Und das aus ihrem Munde. Andreas hat mir von den Proben erzählt, dass Marianne Hoppe, wenn ihr etwas nicht passt, und ihr passt vieles nicht, sagte: „Das spiele ich nicht, das ist Dreck!" Nun aber sitzt die Hoppe auf einer Couch mir gegenüber und ich sehe, dass sie mit dem Rotstift Fragen ins Textbuch geschrieben hat. Wir reden über die beiden Rollen und das Theater Bonn, das die Neuinszenierung mit Hoppe & Seifert machen will. Ich verabschiede mich höflich und kann es kaum fassen.

Jahre später treffen wir uns zufällig im „Diener" am Savignyplatz. Es ist Winter und eiskalt. Drinnen im Lokal qualmen Marianne Hoppe und Werner Schroeter um die Wette. Schroeter hat gerade einen Film über die Ehefrau von Gustaf Gründgens gemacht und schwärmt von seiner „Königin". „Marianne und ich feiern dieses Jahr wieder Silvester zusammen. Zum Wohl!", prostet Schroeter mir zu. „Nicht, dass ich wüsste", kontert die Diva, die am Ende ihrer Ehe mit Gründgens nur über Nachrichten auf kleinen Zetteln kommuniziert hat. Ich setze mich dann doch an einen anderen Tisch und wünsche einen schönen Abend.

Ich fahre mit einem Schauspieler mit dem Zug von Berlin nach Bremen. Am Abend lesen wir beide aus meinem Buch über Federico García Lorca. Im Erster-Klasse-Großraumwagen bereiten wir die Lesung vor, reden über Gott und die Welt und mein prominenter Mitreisender, der lange an der Berliner Schaubühne Erfolge gefeiert hat, bemerkt, dass ein Herr ein paar Reihen vor uns immer wieder sich nach ihm umdreht. „Der will ein Autogramm", weiß ich. Beim Ausstieg in Bremen bekommt er die schöne Autogrammkarte des Mimen und der will sie gerade signieren, da meint der Herr: „Vielen Dank, Herr Riester." Tatsächlich ähneln sich der Bundesarbeitsminister und der Schauspieler verblüffend. Doch der muss erst einmal schlucken, bevor er leider den Irrtum aufklärt.

Am Abend dann erfahren wir vom Intendanten, dass unsere Lesung ausverkauft ist. Der spanische Dichter, der 1936 ermordet worden ist, lockt wie mein Mitleser, bekannt aus dem Theater, Funk und Fernsehen, das Publikum ins Theater. Sichtlich nervös zupft dieser an seinem Hemd herum und entdeckt tatsächlich einen kleinen Fleck. „Entspann dich", versuche ich ihn zu beruhigen. „Das ist doch wie immer", sage ich scheinbar routiniert. „Eben!", antwortet er und wir beide gehen auf die Bühne.

Bernhard Minetti spielt eine Premiere am Schillertheater. Man weiß, diese Regie mag er so gar nicht. Minetti hält am hintersten Ende der Bühne einen Monolog, da meldet sich in der ersten Reihe eine Dame zu Wort: „Bitte lauter!" Der Schauspieler erstarrt. Dann geht er zielsicher auf die Theaterbesucherin zu, beugt sich an der Rampe zu ihr hinab und nuschelt ihr zu: „Meinen Sie, dadurch wird's besser?"

Im Frühjahr 1992 habe ich ein Gastspiel am Theater Bern. Hier ist zum Festival „Aua wir leben!" mein erstes Theaterstück vom Dortmunder Schauspielhaus eingeladen und ich soll wie alle Autoren des Festivals im Stadttheater lesen. Ich reise per Zug am Nachmittag vorher an, schleiche unter den Arkaden durch das beschauliche Schweizer Städtchen und freue mich auf den Abend mit Werner Schwab. Der damals schon berühmte Dramatiker soll mit mir lesen oder besser gesagt: ich mit ihm. Wir treffen uns zum Abendessen im Restaurant neben dem Hotel. Viel habe ich über ihn gehört und nichts stimmt davon. Selten habe ich einen so ruhigen und besonnenen Menschen kennengelernt. Wir essen, reden und trinken, bis das Lokal schließt, und wir suchen noch eine Theke mit Absackern. Natürlich werden wir fündig.

Am nächsten Sonntagmorgen frühstücken wir müde nebeneinander her und gehen gemeinsam zur Matinee. Die ganze Stadt ist mit Schwab plakatiert, der Veranstalter begrüßt uns freudig erregt, da er sich seines Berner Publikums sicher ist. Auch ich freue mich auf die Lesung, aber auch auf das stattliche Schweizer-Fran-

ken-Honorar. Noch eine halbe Stunde bis zum Veranstaltungs-
beginn, aber keiner ist da. Eine Viertelstunde und keiner kommt.
Nicht einmal die verzweifelten sieben, die üblichen Verdächtigen,
also die Gattin des Intendanten, der Sohn des Pförtners oder die
ewige Bibliothekarin, tatsächlich, es kommt niemand. Der Veranstalter schnappt nach Luft, entschuldigt sich für das Unentschuld-
bare und überreicht uns verlegen zwei Briefumschläge, mit denen
wir zurückeilen an den kulinarischen Ort des gestrigen Abends.
Das war meine Lesung mit Werner Schwab. Dass der großartige
Dichter in der folgenden Silvesternacht über der Schreibmaschine zusammengebrochen ist, beweist nur, es gibt keinen schönen
Tod. Ob Werner glücklich war, kann ich nicht wissen. Mit seinen
Texten bin ich es beim Lesen oder dem Theaterbesuch einer Auf-
führung seiner Stücke gewiss.

Expo 2000 in Hannover. Ich darf in der Kirche St. Ägidien
eine Ausstellung kuratieren und besuche Günther Uecker in seinem Atelier am Hafen von Düsseldorf. Natürlich habe ich mich
telefonisch angedroht, ihm zuvor ein Konzept der Ausstellung
in dieser Kirche ohne Dach geschickt und nun fahre ich mit dem
Bildhauer im Lastenaufzug von Stockwerk zu Stockwerk. „Ehe
wir anfangen zu reden, zeige ich Ihnen etwas." Uecker öffnet die
schweren eisernen Türen des Aufzugs und wir betreten eine Fa-
brikhalle, in der Berge von Blättern liegen: Radierungen, Drucke,
Zeichnungen. „Suchen Sie sich etwas aus, ich möchte, dass Sie
mich mögen", erklärt er mir großzügig. Schnell werde ich fündig
und mag ihn sowieso.

Wenige Wochen später reist der schwere, riesige, siebzigjäh-
rige Künstler nach Hannover und wir mustern St. Ägidien, die
Partner-Kirche einer Kirche in Hiroshima, in der wie in Japan eine
Glocke einmal im Jahr an die Atombombenkatastrophe erinnert.
Bäume wachsen in diesem Gotteshaus, in dem keine Messen
mehr gelesen werden. Es ist ein heißer Sommertag und Uecker
lässt sein fahrbares Golgota auf Eisenwaggonböden montiert

aufstellen. Er besteigt die hohen Leitern, nagelt und umwickelt die rau behauenen Stämme. Die Sonne brennt ihm auf den Kopf, aber er arbeitet unbeirrt stundenlang weiter. Danach essen und trinken wir selbstverständlich und selbstverständlich ziemlich viel, zumal hier barocke Menschen aufeinandertreffen. Uecker baut inzwischen für seine Ausstellungen in aller Welt Räume nur für diesen neuen Ort. Er schafft seine Kunst dort und transportiert nicht nur seine Werke aus Düsseldorf überall hin. In Shakespeares „Sommernachtstraum" heißt es: „Das Glück küsst manche oft und manche nie." Ich glaube, wir gehören zu den ersteren.

Die Callas ist unsterblich in Pasolini verliebt. Ihr Regisseur besetzt sie als Medea in seinem gleichnamigen Film. Die beiden fahren zu Vorbesichtigungen mit Alberto Moravia und dessen Frau, der Schriftstellerin Dacia Maraini, in den Jemen. An einem Ort quasi am anderen Ende der Welt müssen die vier übernachten. Das Ehepaar Moravia verabschiedet sich und bezieht sein Zimmer und Pier Paolo muss das Bett mit Maria teilen. Nach einer halben Stunde, so hat es mir Moravia erzählt, hämmert Pasolini mit den Fäusten an die Tür. Die Callas kam ihm offensichtlich gefährlich nahe und nun schlafen Alberto und Pier Paolo sowie Maria und Dacia jeweils in einem Bett. Pasolini hatte in seinem Leben selten feste Beziehungen. Die bekannteste ist seine Liebe zu Ninetto Davoli, einem Jungen aus den Borgate, den Pasolini zu einem seiner Protagonisten macht. Doch nur in dem Alter des Erwachsenwerdens ist für Pasolini der junge Mann begehrenswert. Zu Hause lebt er mit seiner Mutter zusammen und sein Leben als prominenter Schwuler bleibt hier tabu.

In einer Winternacht sitze ich mit Alessandro, meinem sardischen Freund, im „GianoBifronte", der wunderbaren Enoteca unserer römischen Freundin Sandra. Ihre Lebensgefährtin Marisa vergnügt sich mit uns am Tisch und bei Schinken, Salami, Käse, Wein und Grappa lassen wir es uns gut gehen und auch nicht durch andere Gäste stören. Es wird spät, aber Ale und ich sind noch munter. Ich bitte den älteren Herrn am Nachbartisch um eine seiner edlen Zigarren und schließlich lädt dieser mich und meinen Freund zu sich nach Hause ein. Dort habe er noch edlere Weine und andere kulinarische Delikatessen. Er hilft seiner Frau in den Mantel, wir grüßen Sandra und Marisa, die uns seltsam hinterherlächeln. In derselben Straße in Trastevere bewohnen unsere Gastgeber ein Penthouse vom Feinsten und wir lümmeln uns in die Sofas. Weinflaschen werden entkorkt, Zigarren gereicht und wir wollen gerade anstoßen, da beginnen die beiden miteinander zu streiten. Sie beschimpfen sich mit intimsten Details aus ihrem langen Zusammenleben, wir rutschen immer tiefer in die Kissen und sind wie gelähmt. Tatsächlich dauert dieses Schauspiel Stunden, viele Flaschen Wein und so manche Zigarre, bis wir den Mut finden zu gehen. Am nächsten Abend berichten wir im „GianoBifronte" von dieser schrecklichen Nacht. Unsere Freundinnen trösten uns lachend: „Die beiden machen das jeden Abend so. Ohne Publikum kommen die nicht in Stimmung!" Tatsächlich haben wir dieses seltsame Paar noch oft gesehen, die beiden aber schauen seit jener Nacht durch uns hindurch. Wir sind sozusagen abgespielt.

Für RIAS TV mache ich in den neunziger Jahren drei Filme: einen über die Schriftstellerin Luise Rinser, einen über den Liedermacher Klaus Hoffmann und den dritten über den Dichter Günter Kunert. Zur Rinser reisen wir in die Nähe von Rom, wo sie zu meiner Überraschung in einem Siebziger-Jahre-Bau lebt, der eher in den Schwarzwald passt als hierher. Luise ist gastfreundlich, aber streng, da sie genau weiß, was sie will. So plant sie eine Szene, die wir am nächsten Morgen drehen sollen. Sie erzählt, dass sie täglich Berge von Fanpost und Briefen bekommt, in denen Menschen aus aller Welt sie um Rat bitten. Nun gut, wir merken, Widerstand ist bei dieser Frau, die uns erzählt, dass sie schon als Kind eine Meisterin der Feder war, ziemlich zwecklos und somit spielen wir mit. Pünktlich taucht unser Team vor der Villa Rinser auf, Luise ist bereits wie jeden Morgen einige Bahnen in ihrem Swimmingpool geschwommen und bedrohlich guter Dinge. Wir bauen in der Einfahrt die Kamera auf, der Tonmann ist bereit und fängt gleicht das Knattern der sich nähernden Vespa ein. Der überraschte Postino kramt in seiner Tasche und überreicht der Autorin die Telefonrechnung und eine Drucksache, grüßt und will knatternd davonfahren. Doch Luise Rinser stellt sich ihm mutig in den Weg, er soll warten. Sie eilt ins Haus, bringt einen Berg alter Post mit und wir sollen die Szene ein zweites Mal drehen. Gedreht haben wir die beiden Szenen natürlich nicht.

Ich muss gleich zur Probe an die Voksbühne. Johann Kresnik und ich sind in den Endproben zu „Goya", einem Choreografischen Theater in Berlin. Ich mache mir einen Cappuccino und Toast, doch irgendetwas juckt so sehr am Rücken, dass ich noch einmal ins Bad eile, und etwas Erschreckendes bekomme ich zu sehen: ein schwarzer Fleck. Hilfe! Ich rufe meinen Hautarzt an, der lässt mich als Ersten in sein Sprechzimmer und erzählt mir, da er den Ernst der Lage begreift, mal nichts vom Fußpilz seiner Patientin Brigitte Mira. Tatsächlich gehören viele Künstler zu seiner Klientel und eine Schweigepflicht kennt dieser Gott in Weiß nicht. Etwas irritiert bemerke ich ein Pflaster in seinem Gesicht, aber mein Leiden hat jetzt Vorrang. Der Arzt nimmt eine Rasierklinge, kratzt die dunkle Stelle ab und bemerkt nur schmunzelnd: „Das ist so eine Art Altersfleck, völlig harmlos!" Erleichtert ziehe ich mein Hemd wieder an, die Premiere ist gerettet und jovial verabschiede ich mich bei dem Arzt meines Vertrauens: „Haben Sie sich beim Rasieren geschnitten?"

„Nein", erwidert der Hautarzt, „ich habe Hautkrebs, aber die Leute stellen sich immer so an. Ich hab mir das heut früh selber rausgeschnitten". Ich weiß nicht, ob ich lachen soll, und ergreife die Flucht.

Finca Vigia, San Francisco de Paula, Cuba, 16. August 1950. „Dear Wolfgang" beginnt der in meiner Familie berühmte Brief von Ernest Hemingway an meinen Vater und endet mit „Best luck and thanks from your friend". Tatsächlich hat der amerikanische Schriftsteller auf die Anfrage des jungen Lehrers Klimke, ob der berühmte Verfasser von „Der alte Mann und das Meer" ihm für eine Schulanthologie ein paar short stories zur Verfügung stellt, nicht einfach mit ja geantwortet, sondern schreibt dem unbekannten Deutschen, der wie er den Zweiten Weltkrieg als Soldat miterlebt hat, auf seiner Schreibmaschine einen langen Brief. „Wie Du bin ich ein alter Soldat; zu alt; zu verwundet; in einem gerechten Krieg, den wir verloren haben". Danach berichtet Hemingway von einem Gedicht, das er über die Schnee-Eifel geschrieben hat. Ja, Hemingway war in der Schnee-Eifel und handschriftlich beschreibt er seine Heldentaten. Natürlich hat dieser Brief meinen Vater stolz gemacht. Er wurde Lehrer, blieb aber bis zu seinem Tod in gewisser Weise auch Offizier, was Haltung und Disziplin angeht. Ich habe eine Kopie des Briefes, das Original besitzt einer meiner Brüder. Ich weiß nicht, wie großzügig dieser Macho Hemingway war, aber „your friend" genannt zu werden, hat mein Vater selten in seinem Leben zugelassen.

In einer Mischung aus Neid und Mitleid erinnere ich mich daran, wie meine Mutter vor ihren Kindern von ihrem Mann immer als „unser Vater" gesprochen hat und zu ihm aufblickte wie zu einem Künstler, der umsorgt werden will und es mit Zuneigung lohnt. Glücklich, dieses Wort kam meinem Vater kaum über die Lippen, während meine Mutter sich viel Unglück schönreden konnte. Über den Krieg sprechen oder sich mit den Fakten konfrontieren wollten beide nicht. Wie heißt es in der „Fledermaus": Glücklich ist, wer vergisst, was doch nicht zu ändern ist.

Das Leben ist selten eine Operette. Ich warte in einer Stricherbar in der Nähe vom Nollendorfplatz auf Hans Eppendorfer. Da kommt er auch schon in weiten Gewändern aus der Berliner Februarnacht hereingeweht. Draußen schneit es und drinnen will der Hamburger Schriftsteller mich für meine Rezension seines

Buches „Der Magnolienkaiser" über den japanischen Autor Yukio Mishima, der Jungen liebte und kaisertreu schließlich Harakiri beging, mit einigen Drinks belohnen. Eppendorfer, der mit dem Buch „Der Ledermann spricht mit Hubert Fichte", einem langen Gespräch über Rituale von Homosexuellen, bekannt wurde, ist in der Mitte des Lebens. Ich bin fünfundzwanzig Jahre alt und die Professionellen um uns herum sind so zwischen vierzehn und sechzehn. Eppendorfer erzählt mir von seiner Zeit im Knast. Er hat jemanden, der ihm – damals war er selber noch quasi in der Pubertät – zu nahe kam, getötet. Im Gefängnis beginnt der junge Mann aus Eppendorf zu schreiben und legt sich diesen Künstlernamen zu. Nach dem x-ten Bier bin ich reichlich belohnt, da will Hans mir die Vorzüge der Knaben anpreisen. Die kommen mir aber bereits jetzt ziemlich abgehalftert vor, so dass ich ihnen nur zuproste, während mein Nachbar mit zweien mehr als flirtet. Die wissen, was zu tun ist. Männer, die auf Jungen stehen, kommen mir seltsam spießig vor. Ich dachte, ich würde neue Abgründe und Geheimnisse erfahren, dabei geht es hier um eine bürgerliche Sehnsucht, die man sich selbst täuschend erkauft und bei der man häufig genug die Not der anderen in Kauf nimmt, um Besitz und Zuneigung zu verwechseln.

Das erste Mal in einem Pornokino, das Sich-Umkreisen, Berühren, das routiniert Begehrt-Werden. Die zu langen Blicke. Das erste Mal in der Gay-Sauna. Aber wo alle nackt sind, ist auch weniger zu entdecken. Das erste Mal in einem Darkroom mit den nicht nur Namen-, sondern auch Gesichtslosen. Der erste Rausch. Die Sucht danach. Das erste Mal auf einer Klappe. All die Sprüche und Telefonnummern an der Wand. Das Misstrauen. Die Angst auch. Das erste Mal in einem Park. Sex unter freiem Himmel. Sich dann irgendwann zufällig wieder begegnen in einer Bar, in der U-Bahn oder beim Einkaufen. Aneinander vorbeischauen oder sich kurz zunicken. Die gezielte Suche nach dem richtigen Ort mit dem Spartacus in der Hand in irgendeinem Land und irgendeiner Stadt. Fündig werden. Selber namenlos bleiben.

Das Kleine Theater in Berlin, die Salzburger Festspiele, das Opernhaus, für das ich ein Libretto schreibe, choreografische Abende. Regisseure, Tänzer, Sänger, Dirigenten, Musiker, Schauspieler, Bühnenbildner, Kostümbildner, Maler, Bildhauer, Assistenten, Hospitanten, Dramaturgen, Intendanten, Verleger, Kolleginnen und Kollegen, Kritiker, Freunde und Feinde. Manchmal begegnet mir ein Gesicht und ich muss lange nachdenken, wer das ist. Gesichter vergesse ich nicht. Und Katastrophen vergesse ich nicht. Die Kranken, die Toten, die eigenen Bedrohungen und Verluste. Zurzeit schreibe ich ein Stück über den Schriftsteller Joseph Roth. Roth hat sich im Pariser Exil bewusst zu Tode getrunken. Einen Tag vor seinem Tod hat man ihm im Armenhospital den Alkohol weggenommen und ihn festgebunden. Keiner seiner Freunde wusste, wo er war. Er soll geschrien und Tränen aus Schnaps geheult haben.

Vielleicht treffen wir uns alle eines Tages in einer Villa Verdi oder Villa Roth wieder, einem Altersheim für sich selbst Verkennende. Hier in diesem sympathischen Panoptikum könnte ich sicher nicht meine Ruhe und schon gar nicht die letzte finden. Es gibt einen wundervollen Film von Daniel Schmid: „Tosca's Kiss" über das Altersheim der Mailänder Scala, wo ehemals berühmte Künstler, die zwischen Buenos Aires, Milano, London, Tokio, Berlin, Moskau und New York aufgetreten sind, nun im Alter und in Armut zusammen leben. Und auch hier hat sich nichts geändert: dieselbe Hackordnung, derselbe Neid, dieselben Intrigen, aber auch Affären und Träume leben hier weiter. Ihr Name sagt heute keinem mehr etwas. Da fällt mir ein blöder Witz ein: Zwei namenlose Schweine streiten sich über die Zukunft. Meint das eine zum anderen Schwein: „Du, was aus mir wird, ist mir Wurscht."

Metamorphosen

Mario Wirz

Nachts wache ich plötzlich auf und stelle fest, dass ich mich in einen Kater verwandelt habe, was mich nach vielen anderen Metamorphosen in diesen unberechenbaren Jahren nicht mehr erschreckt. Das hat jetzt nichts mit Kafka zu tun, denke ich und springe abenteuerlustig aus dem Bett und aus dem Haus und vergesse den ältlichen Mann mit seinen bedrohlichen Diagnosen. Mal schauen, ob ich in der Stimmung für eine kleine Mäusejagd bin. Ich weiß, was ich mir und anderen schuldig bin. Warum sollte ich ein armes Klischee in Verlegenheit bringen. Auch Vögel reizen mich, besonders die Amsel in meinem Hinterhof, aber sie lässt sich nicht fangen. Ich spüre den Atem der Nacht in meinem Fell, die aufgeregten Großstadtlichter, das Herzklopfen der schlaflosen Zweibeiner und bin zutiefst einverstanden mit meinem nächtlichen Dasein.

Sternenstaub auf den alten ausgelatschten Trampelpfaden unserer Erinnerung, die ihre Belesenheit oft kreativ mit eigenen Erlebnissen verwechselt.

Nachsicht mit allen vorhersehbaren Assoziationen und Gedankensprüngen, Nachsicht mit denen, die jetzt vom „Gestiefelten Kater" träumen oder an den eloquenten „Kater Murr" von E.T.A. Hoffmann denken. Der Mann im Mond, der seit meiner Kindheit ein Freund ist, wirft mir zärtlich einen Schatten auf die Stunde, und ich nehme ihn an und frage mich, wie viele Katzenleben dem Kater noch bleiben. Der Mann im Mond weiß es auch nicht.

Manchmal sitze ich auf seinem Schoß und lasse mich mit Wolken füttern. Ich recke und strecke mich und wundere mich wohlig über die anmutige Beweglichkeit meiner Einfälle. Hundstagen, die mir meine Lebensfreude wegbeißen, zeige ich den Buckel, den sie mir runterrutschen können. Welche arme Seele bellt da kläglich in der Nacht? Wessen Mäuseherz huscht mir flink durch den Sinn?

Es riecht nach Nacht und Unersättlichkeit, und hinter einem dieser Fenster brät sich jemand einen Fisch. Andere Kater und Katzen stellen mir nach, und ich antworte lustvoll auf das uralte Spiel, fauchend und schnurrend, und genieße Kampf und Verführung.

Mit blauen Flecken und Kratzwunden kehre ich morgens in meine alte Haut zurück und vermisse schon nach wenigen Stunden die hellwache Leichtigkeit der Nacht.

Schwer trägt mein von Krankheit gezeichneter Körper die Wahrheiten meines Lebens. Die Wiederholung der Wiederholung dreht mich unerbittlich im Kreis.

Mein Unglück verzichtet nicht auf eine gewisse Routine.

Computertomografie im Auguste-Viktoria-Klinikum. Befundsgespräche mit meinem Onkologen. Kontrolluntersuchungen in der Schwerpunktpraxis in der Pariser Straße.

Meine Apotheke in der Schlossstraße, die mich als guten Kunden schätzt.

Ich trinke zu viel Kaffee und hadere mit einem Text und der chronischen Unauffindbarkeit der richtigen Worte. Wie viele Jahre sitze ich übergewichtig auf meinem quietschenden Schreibtischstuhl und starre dümmlich auf eine leere Seite? Tage schleichen sich matt und uninspiriert zur Woche, die sich wiederum schwerfällig zum Monat schleppt.

Mir ist, als alterte ich im Stundentakt um Jahre.

Plötzlich aus heiterem Himmel ist alles anders. Wohlwollende Götter lüften mein Hirn. Die Amsel aus meinem Hinterhof leiht mir schwesterlich ihre Flügel. Ich segele bei herrlichem Wind unter den blausten Gedanken, die ich mir denken kann.

Himmel in meinem Gefieder. Rausch. Mein Herz selbst ist eine Wolke. Außerhalb meines hinfälligen Körpers schlägt sie daseinstrunken über die Stränge.

Die Angst vor dem Tod ist eine Pusteblume, in die der Wind bläst.

Azurblaue Leichtigkeit.

Jetzt kümmert es mich nicht, dass es keine tauglichen Worte für das Glück gibt. Ich bin herzhell beflügelt von purer Daseinsfreude.

Saphirblaue Unbeschwertheit.

Königsblaue Sorglosigkeit.

Gelassen denke ich an den Kater, der mich auf dem Boden der Tatsachen fangen und töten will. Wer fliegen kann, muss den Tod nicht fürchten, denke ich angeheitert vom Blau der Stunde. Etwas in mir will singen und jubeln, wieder und wieder, bis ein vom Schicksal beschwerter Lyriker in seiner Berliner Hinterhofwohnung mein Lied hört.

Vielleicht findet er später die schwarze Feder auf seinem Kopfkissen.

Alles sei Traum

Christoph Klimke

Ich habe nie am Theater Mannheim gearbeitet, aber in diesem Traum ist dort heute erster Probentag. Hans Kresnik inszeniert eine Oper am Nationaltheater Mannheim. Wir begrüßen die Sänger, die Musiker, den Dirigenten und die Mitarbeiter. Alle sind guter Dinge und ich soll nun als der Produktionsdramaturg unser Konzept erklären. Gerade will ich mit meiner improvisierten Rede beginnen, da geht die Tür zur Probebühne auf und ein Mann in einem weißen Kittel kommt herein: „Sie müssen noch mal operiert werden", sagt er zu mir, „da ist noch etwas!" Ich kann es nicht fassen, aber der Arzt wirkt so unmissverständlich, dass ich mich dem füge, und schon trage ich das kurze, weiße OP-Hemd, das auf dem Rücken nur durch eine Schleife zusammengehalten wird. Ich muss weinen, das kann doch gar nicht sein.

Hans umarmt mich stumm, die Sänger ziehen ihre Probekostüme an und die Probe beginnt. Von meinem Bett aus sehe ich zu, wie munter die Protagonisten agieren, wie lustig Hans

Kresnik den Chor dazu bewegt, sich zu bewegen, und selbst der steif wirkende Dirigent wird langsam locker. Mich beachten die Akteure nicht. Die Anästhesistin klärt mich über Risiken auf, ich soll unterschreiben und schon werde ich abgeholt. Der Krebs ist offensichtlich nachgewachsen und ich sitze im Bett wie ein entmündigtes Kind, das all das nicht glauben kann.

Träume ich? Das muss ein Traum sein. Ich habe oft Alpträume, die ich aber im letzten Moment stoppen kann, um gleich aufzuwachen. Ich blinzle mit den Augen und sehe Joi neben mir ruhig schlafen. Ich drehe mich zur Seite, will weiterschlafen und natürlich etwas ganz anderes träumen. Aber zum ersten Mal in meinem Leben träume ich jenen Schrecken zu Ende und falle in einen viel zu tiefen Schlaf.

Den folgenden Tag lässt mich jener Traum nicht los. Ist das die postoperative Angst oder gar eine Depression, die Depression, vor der mich mein Hausarzt gewarnt hat. Etwas ungläubig sieht er mich an, wenn ich ihm jedes Mal versichere, dass es mir gut geht. Ist das ein böses Omen oder einfach nur der kluge Unsinn des Unterbewusstseins? Ich brauche mir keine Sorgen zu machen, munterte mich vor Kurzem der Urologe bei der ersten Nachuntersuchung auf. Aber was ich soll und was nicht, weiß da wohl jemand anderes besser. Und auch der bin ich. Traurig lasse ich den Tag verstreichen, gehe Gassi im voll gemüllten Görlitzer Park und am Abend in eine der Kreuzberger Stammkneipen. Ein Gewitter zieht auf und Joi zieht mich nach Hause. Sie will in Sicherheit sein wie ich. Auf dem Sofa trinke ich noch ein Glas Wein und mein Hund verputzt einen Kauknochen. Mehr Sport machen, weniger trinken, gesünder essen. Aber nicht jeder Tag ist Neujahr und der richtige Weg gabelt sich ständig. Heute Nacht will ich träumen, dies alles sei Traum.

Schlaraffenland

Mario Wirz

Alle Jahreszeiten der Kindheit blühen gleichzeitig an diesem blauen Vormittag, fünfundvierzig Jahre nach unseren Erdbeerfesten im Garten von Resi, der bajuwarischen Mama von Brigitte, die ihrer Tochter und mir für tausend und eine Stunde den Schlüssel zum Schlaraffenland leiht. Wir versinken erdbeerselig in riesigen Beeten, die uns großzügig ihre Früchte schenken. Rotes Erdbeerglück. Erdbeeren wachsen uns aus Ohren und Nasen und Händen in die gierigen Münder, wir scheinen uns selbst in Erdbeeren zu verwandeln. Süßer Erdbeerrausch. Der Himmel über diesen Tagen lacht über unsere Unersättlichkeit. Ebenso gierig und maßlos plündern wir mit schnellen Händen den Kirschbaum, dessen Früchte uns leicht zufallen, als wollten sie unsere Gier anfeuern, noch schneller zuzugreifen. Dreistes, fettes, sattes Gelächter unter dem Baum.

Wer spuckt die Kerne am weitesten? Gitte hat mit ihren Brüdern geübt und spuckt die Kirschkerne immer viel weiter als ich. Ich gönne meiner Freundin jeden Sieg und schwelge im Reichtum des Gartens. Alles scheint gleichzeitig zu wachsen. Johannisbeeren. Stachelbeeren. Himbeeren. Brombeeren. Überwältigende Fülle.

In welcher Reihenfolge widmen wir welchen Früchten unsere Fresslust? Alles scheint uns gleichzeitig zu verführen. Sind die Birnen und Äpfel und Pflaumen und Mirabellen an den Bäumen nur ein Versprechen? Kündigen sie ihr Fest erst an? Mir ist, als stopften wir zwei uns alle Früchte des Gartens wild durcheinander in den Mund, als fielen auch die Früchte selbst gierig über uns her, miteinander wetteifernd, wer von uns beiden wie viel Zeit für wie viele Himbeeren oder Kirschen oder Erdbeeren braucht.

Tom und Bernhard, die älteren Brüder von Brigitte, kommen dazu und beteiligen sich an der großen Maßlosigkeit, mit der wir über die Früchte herfallen oder zulassen, dass sie über uns herfallen. Röter als die Erdbeeren schminken die Kirschen unsere Gesichter rot.

Dazwischen das glanzvolle Schwarz der Brombeeren. Auch die Himbeeren tunken unsere Gesichter entschlossen in ihren Farbtopf.

Verderbt euch nicht den Magen, ruft die dicke Resi und lacht. Sie ahnt, dass das verlässliche Bauchweh in einigen Stunden uns nicht daran hindern kann, uns jetzt ganz und gar dem Rausch der Stunde hinzugeben.

Wir schmatzen und schlucken und spucken und sabbern. Wir rülpsen und furzen und kauen und kichern und kugeln uns apfelrund übereinander. Wir greifen in Beete und Bäume und Sträucher und greifen erregt auch nach uns, als wären wir selbst reife Früchte. Wir kitzeln uns und beißen uns und ringen heftig miteinander, ohne zu wissen, warum. Der heiße Sommertag ist ein verrücktes Fieber in unseren Körpern, die sich prall erschöpft von all dem Obst später in den Schatten der Bäume legen.

Noch aber ringen und keuchen wir und schmieren uns gegenseitig den Saft der Früchte ins Gesicht.

Kein Sommernachtstraum

Christoph Klimke

Fürs Theater dienen mir meist Romane oder Biografien als Vorlage:

In Aldous Huxleys Science-Fiction „Schöne neue Welt" kämpft die Hauptfigur darum, in einer gleichgeschalteten Welt, die alles Fremde verbietet und auslöscht, Bücher lesen zu dürfen.

In Witold Gombrowicz' Roman „Die Besessenen" heißt es: „Es gibt keine anderen Ideen als verkörperte. Kein Wort, das nicht Fleisch wäre." Die Besessenen geraten in ihren Obsessionen außer Kontrolle. Sie leben ihre Abgründe und ihre Tollheit und überschreiten jede Grenze der bürgerlichen oder Börsen-Gesellschaft.

Genauso geschieht es den Figuren in Pasolinis Film „Teorema". Die Bewohner einer Mailänder Villa verlassen diese, nachdem sie einem menschlichen Dionysos begegnet sind. „Was mein Schrei auch bedeuten mag, er soll jedes mögliche Ende überdauern."

Goya riskierte die freie Kunst und sein Leben gegen die Inquisition und führte die Malerei so als Erster aus der Abhängigkeit.

Hugo von Hofmannsthals „Jedermann" erfährt angesichts des Todes von seinem Unglück, die anderen um ihn herum nur ausgebeutet zu haben.

Cervantes' Don Quijote kämpft für sein „Goldenes Zeitalter", ein naives kommunistisches Manifest, und gegen alle Windmühlen und macht sich so um der Liebe willen zum Narren.

König Lears Katastrophe beginnt mit seiner Frage: „Wer liebt mich am meisten?" und erntet verlogene Antworten – wie jeder Despot, der die Ehrlichen in die Wüste schickt.

Der Maler Felix Nussbaum bleibt aus Liebe zu seiner Frau in der inneren Emigration und flieht nicht vor den Nationalsozialisten, die den jüdischen Künstler umbringen.

Dr. Hans Prinzhorn, Arzt in einer Psychiatrie in Heidelberg, sammelt als Erster die Bilder von schizophrenen Künstlern. Seine heute weltberühmte Sammlung Prinzhorn wurde von den Nazis nicht vernichtet, da sie als „Entartete Kunst" gezeigt wurde. Und er selbst erlebte die Euthanasie nicht mehr, weil er jung starb.

Der Worpsweder Jugendstilmaler Heinrich Vogeler, der Möbel entwarf und Bücher von Rilke illustrierte, verließ seine Heimat Deutschland hochgeachtet und wohlsituiert, um Stalins Plakatmaler zu werden und am Ende des Zweiten Weltkrieges im Nirgendwo des ewigen Schnees zu verhungern.

„Spiegelgrund" ist die Geschichte eines Wiener Jungen, der in die Euthanasie-Klinik am Spiegelgrund kommt und nur durch Zufall sich retten kann. Der Chefarzt, der an die tausend Kinder hat umbringen lassen, um an deren Gehirnen pseudowissenschaftliche Experimente durchzuführen, wird nach dem Krieg wieder Klinikleiter dort und sogar Gutachter vor Gericht für Misshandlungen an Kindern und Jugendlichen.

„Macht kaputt, was euch kaputt macht", heißt es in einem Lied von Rio Reiser. Gudrun Ensslin hat das Pfarrhaus ihrer Eltern in Stuttgart verlassen, um für eine andere deutsche Gesellschaft zu kämpfen, ohne Rücksicht auf Verluste. Ich mache mit Hans Kresnik mit Schauspielschülern zu diesem Thema einen Workshop und merke, die Heilige Johanna der Schlachthöfe ist ihnen näher als diese politische Biografie aus den Nachkriegsjahren bis in die sechziger und siebziger Jahre hinein.

In Hans Henny Jahnns Roman „Das Holzschiff" begeben sich zwei junge Männer auf eine Reise ohne Wiederkehr. Der eine verlässt an Bord seine Freundin, die beiden Jungen verlieben sich ineinander und überleben als Einzige einen schrecklichen Sturm. Das Holzschiff, nach dessen Fracht und Geheimnis alle forschen, hat nur leere Holzkisten in den Frachträumen und die Geisterfahrt offensichtlich weder Ziel noch Zweck. Im zweiten Teil von Jahnns Trilogie „Fluss ohne Ufer" erfährt man, dass einer der beiden Künstler und der andere Naturforscher wird.

Arthur Gordon Pym, der Protagonist des gleichnamigen Romans von Edgar Allen Poe, muss auf seiner Fahrt über die Weltmeere alles erleben: Sturm, ewige Flaute, Meuterei, Mord und Totschlag, Hunger, Durst und Krankheit, Kannibalismus und Alpträume. Am Ende jedoch lernt er ein fremdes Volk auf einer Inselgruppe kennen, das von der Mannschaft mit Glasperlen und anderen Schäbigkeiten abgefertigt werden soll, um an die Schätze der Natur zu kommen und diese zu vermarkten. Die Fremden üben Vergeltung und Arthur Gordon Pym erreicht fast als Einziger das Ziel der Reise: den Südpol und Eingang zu einer neuen Welt, die ganz und gar weiß ist, weißer als das ewige Eis. Eine weiße Utopie sozusagen.

Das sind einige Beispiele meiner Theaterarbeit in den letzten Jahren. Was hier vielleicht beliebig scheint, hat für mich einen unsichtbaren roten Faden: Glück und Unglück, Liebe und Tod, Grenzen und Überschreitung, Täter und Opfer, Traum und Alptraum, Leidenschaft und Einsamkeit, Verschweigen und Aufbegehren, Wissen und Ohnmacht sind einander gefährlich nah.

Theater kann man nur mit Leidenschaft „machen", aber da ist man ja auch nicht allein wie am Schreibtisch zu Hause. Ich habe Glück, dass ich beide Welten leben und dazu beitragen kann, dass diese Schicksale lebendig werden.

Wie gesagt: „Es gibt keine anderen Ideen als verkörperte. Kein Wort, das nicht Fleisch wäre." Natürlich ist das Leben kein Sommernachtstraum, aber es gehört schon ein Stück Obsession dazu, immer weiterzuschreiben, weiterzumalen oder zu komponieren. Vielleicht ist der Motor auch ein gesundes, neurotisches Manko, das wir so zu füllen versuchen. „Ich weiß, wie widersprüchlich man sein muss, um konsequent zu sein", meint Pasolini. Das ist wie in der Liebe und in Shakespeares „Sommernachtstraum", da heißt es: „Ich liebe dich, darum verfolge mich."

Torten

Mario Wirz

Mindestens einmal in der Woche gönne ich mir eine festliche Kaffeestunde in einer Konditorei oder einem Café, das sich wegen seines Torten- und Kuchenangebots einen guten Ruf erworben hat. Freunde und Kollegen kennen meine Passion für Süßes und rufen mich an, wenn sie ein neues Café in der Stadt entdeckt haben, das mir gefallen könnte. Sie wissen, dass mir für tolle Torten kein Weg zu weit ist.

„Seit dreißig Jahren bist du auf der Suche nach der vollkommenen Torte", seufzt Jan, den ich seit dreißig Jahren zur Aufmerksamkeit für ein Thema nötige, das ihn langweilt.

Wäre ich mit meinen Lyrikbänden reich geworden, würde ich wahrscheinlich nicht zögern, spontan nach Wien oder nach Paris zu fliegen, um dort in einem Kaffeehaus eine mir empfohlene Delikatesse auszuprobieren. Da mein Schicksal aber entschieden hat, das ich mit meinen Büchern kein Geld verdiene, reicht es mir aus, mit den öffentlichen Verkehrsmitteln von Berlin zum „Objekt meiner Begierde" zu pilgern.

Mit der S-Bahn zur Schwarzwälderkirschsahnetorte in Spandau. Mit der U-Bahn zum Windbeutel in Wedding. Mit dem Bus zum Birnenkuchen in Britz. Mit dem Fahrrad radele ich zur Friesentorte in Friedenau. Zu Fuß wandere ich zur Kiwisahnetorte in Kreuzberg.

Den kalorienhaltigen Gipfel jeder Alliteration besteige ich für eine süße Aussicht. Wolken aus Sahne. Wolken aus Creme. Wolken aus Blätterteig.

Fahre ich zu einem Café, das ich noch nicht kenne, bin ich aufgeregt, als wäre ich unterwegs zu einem „Blind Date". Ich stottere bei der Bestellung und erröte, wenn die Kellnerin mir das auserwählte Tortenstück serviert. Mit andächtiger Zärtlichkeit betrachte ich meinen sahnigen Schatz und schwelge in üppigen Fantasien, bevor ich behutsam und geradezu ängstlich die erste Kostprobe wage.

Immer wieder Enttäuschung, wenn sich der exquisite Traum in eine bestenfalls ganz passable Tatsache verwandelt. Alles schmeckt gut und akzeptabel, aber eben nicht außergewöhnlich köstlich, nicht überirdisch großartig, nicht zum Niedersinken anbetungswürdig, nicht himmlisch genug, um für Sekunden abzuheben.

Das kulinarische Wunder, das ich mir im Kopf gebacken habe, mit den immer reichlich vorhandenen Rosinen, bleibt hinter der Stirn.

Immer wieder verschrobene Augenblicke von Schwermut an einem Nachmittag in einem neuen Café, wenn sich die Realität auf dem Teller nicht über seinen Rand hinaus denken und bejubeln lässt. Natürlich schaut sich der närrische ältere Herr mit der pathetischen Biografie selbst über die Schulter und weiß, dass seine Exaltiertheiten vor Torten lächerlich sind. Und selbstverständlich ist der wunderliche Tortenfreak schnell bereit, sich von einem anderen Reiz trösten zu lassen.

Sieht der Kellner mit den Sommersprossen nicht aus wie ein Lyrikfan?

Sind die von der Zeit verschlissenen Sessel nicht urgemütlich?

Ist die Aussicht aus dem Fenster nicht über alle Maßen inspirierend?

Und sind die Wege zu einem möglichen Ort der Glückseligkeit mit all der köstlichen Vorfreude nicht jedes Mal ein aufregendes Abenteuer?

Ja.

Immer wieder ja.

Und noch einmal JA.

Noch seltsamer und schräger als meine törichten Enttäuschungen von Torten sind meine jäh aufwallenden Leidenschaften und Begeisterungen. Vermag mich der erste Leckerbissen zu verführen, gerate ich in einen Rausch, der mich in ein groteskes Wesen verwandelt. In rasender Verzückung mutiere ich innerhalb weniger Sekunden vom romantischen Genießer zum barbarischen Schnellfresser. Ich schmatze und schnaufe und verschlinge, was mich entzückt. Für Kellner und andere Gäste bin ich mit Sicherheit ein abstoßender Anblick. Übergewichtiges Mittelalter schaufelt gierig Torte in sich rein, Spuren von Sahne und Früchten im ganzen Gesicht. Ich weiß, warum ich bei meinen wöchentlichen Ausschweifungen auf Zeugen aus der Freundeswelt verzichte.

Auch die humorvolle Liebe von Jan zu seinem schrulligen Gefährten will ich nicht überfordern, vor allem nicht überschätzen. Meine Kaffeehausrituale sind eine Form der Selbstbefriedigung, die ich schamlos nur Fremden zumute.

Schnell und atemlos bestelle ich beim Kellner ein neues Stück Torte, warte zittrig und ungeduldig wie ein Junkie auf seine Droge, nein, ich warte nicht wie ein Junkie, ich bin ein Junkie. Ein Tortenjunkie. Wie unerträglich langsam der Kellner sich bewegt. Schikanöse Lahmarschigkeit. Wie stickig es in diesem Café ist.

Weshalb öffnet niemand ein Fenster? Die Frau am Nebentisch glotzt wie ein empörter Karpfen.

Kaum steht der neue Teller vor mir, stürze ich mich wie ein Verrückter auf das zweite Tortenstück und zerlege es mit irrer Geschwindigkeit, als wollten die anderen Gäste mir meine Beute vom Teller rauben. Eine Art Tortenwahnsinn kommt über mich.

Jetzt könnte ich auch Amok laufen und alle Torten meines Verlangens gewaltsam aus den Vitrinen reißen und mich mit ihnen vor den Augen der anderen wälzen und suhlen.

Süßes Schlingen und Verschlungensein. Es mit allen Torten gleichzeitig treiben, bis ich ein Bestandteil von ihnen geworden bin. Tortenherz. Tortenhirn. Tortenseele.

Zum Teufel mit meinem Hausarzt, der mich nach jeder Blutkontrolle vor den Gefahren einer Diabetes warnt, die im Kontext meiner anderen Diagnosen fatal für mich wäre.

Zum Teufel mit meinen chronischen Krankheiten und der Vernunft, die mich zu permanenter Vorsicht und Mäßigung zwingt. Ich will nicht länger aufpassen und besonnen sein müssen. Maßlosigkeit ist mein Element. Verschwendung. Hemmungslosigkeit. Endlich ich selber sein. Jetzt inmitten süßer Ekstasen an einer Überdosis Sahne den Tortentod sterben. Na und!

„Noch ein drittes Stück Schwarzwälderkirschsahnetorte?", fragt der ältere Kellner und lächelt gutmütig und solidarisch. Er ist ebenso dick wie ich.

Wo bin ich? Was ist geschehen? Das Tortenmonster sitzt brav und manierlich an seinem Tisch und wischt sich mit einer Serviette etwas Sahne vom Kinn.

Kevin

Mario Wirz

... Tschaikowski auflegen ... Kevin mag die Russen ... besonders
die Symphonie Pathétique ... das wühlt ihn auf ... bringt ihn in
Stimmung ... mir ist es recht ... lieber bei guter Musik vögeln als
bei der Tagesschau ... wie die da drüben ... die macht erst eine
Hungersnot geil oder ein Krieg ... je größer die Katastrophe,
desto größer der Orgasmus ... und jetzt die Kerzen anzünden!
... Kevin ist ein Romantiker ... im Kerzenlicht leuchtet sein Leib
wie ein Sternenhimmel ... alles funkelt, und alles gehört mir ...
was kümmern mich eure Tagesschau-Ekstasen ... euer müdes,
wabberndes Fleisch ... eure zänkischen Titten und eure schlecht-
gelaunten Schwänze ... Schluss damit! Jetzt ziehe ich meine
Vorhänge zu und sperre euch aus ... weg mit euch und euren
lächerlichen Mutmaßungen über mich ... den seltsamen Mieter
aus dem dritten Stock, der jetzt die Vorhänge zuzieht ... mit einer
entschlossenen, lachenden Bewegung ... jawohl, ich lache euch
aus ... wir lachen euch aus ... Kevin und ich ... ich und Kevin

... wir ... Schluss mit euch ... ein für alle Mal ... ich werde eine Flasche Wein öffnen ... Rotwein ... die Farbe des Weins passt zu deinen sinnlichen Lippen, Kevin ... zu deinem geilen Kussmund, der mich noch nie verraten hat ... kein Geschwätz, das mich quält ... keine Worte, keine Messer ... wir brauchen eure Sprache nicht, mit der ihr Gott schlachtet ... jeder Vokal eine Bombe, jeder Konsonant ein Attentat ... unser Glück ist leise ... vollkommen ...

wenn ich im Büro bin, werde ich von keinem Zweifel vergiftet wie alle meine impotenten Kollegen, die nicht wissen, ob sie noch geliebt werden ... ob nicht gerade jetzt irgendjemand auf ihren frigiden Frauen herumliegt ... wenn ich nach Hause komme, bist du da und erwartest mich ... mit einem Lächeln ohne Berechnung ... kein Verrat kann mein Herz verwüsten, keine Lüge entstellt dein Gesicht ... du bist mein Triumph über sie, Kevin ... du hast mich vor ihren Fallen gerettet ... o ja, ich weiß, was sie in meinen Rücken hineindenken ... hinter ihrer heimtückischen Freundlichkeit lauert die Verachtung ... Versager, denken sie ... einsamer Spinner ... sie warten nur darauf, dass ich mich irgendwann aus dem Fenster stürze ... ihrem ereignislosen Dasein eine kleine Sensation biete ... ein bisschen Gesprächsstoff zu Kaffee und Kuchen ... mein Tod wäre die Schlagsahne auf ihrem Hausgebackenem ... aber sie irren sich ... sie wissen eben nicht, dass es dich gibt ... soll ich die Platte umdrehen oder willst du lieber etwas anderes hören ... ja, ja, schon gut ... du und dein geliebter Tschaikowski ... mein Kevin, meine Gewissheit ... mein Geheimnis ... hörst du? ... da oben tanzen sie ... trampeln auf meinen Nerven herum ... als ob es mich nicht gäbe ... wieder eine ihrer Partys, eins ihrer Totenfeste ... sie wollen mich provozieren und ahnen nicht, dass es mich kalt lässt ... dass sie für mich nicht existieren ... es gibt euch nicht ... da oben lärmt das Nichts, nichts weiter ... ohne Bedeutung ... ich werde noch eine Flasche öffnen ... für dich, Kevin, mein Fest ... wir wollen Hochzeit feiern ... ganz allein und ohne Zeugen ... unser Glück würde die anderen bedrohen ... wir wollen es für uns behalten, um den anderen nicht wehzutun ... all die vielen Unglücklichen ... sie brauchen unser Wohlwollen ... lass uns tanzen, mein Schöner ... Herzschlag an Herzschlag ... wie leicht du bist ... tue ich dir weh, mein Grünäugiger ... was glotzt du so wund? ... wie elastisch deine Arme sind ...

und deine Beine ... alles kann ich mit dir machen ... mein Wilder, mein Unersättlicher ... mein Herz ist ein Zirkus, in dem du durchs Feuer springen musst ... mein Akrobat ... ich kann meine Seele in dich reinficken ... oder die Luft rauslassen ... ganz nach Belieben ...

wie es meiner Laune gefällt ... ein kleines, geiles Geräusch, und schon bist du weg ...

pssssssssssssst ... tschhhhhhhhhhhhhhhhhh ... weg bist du ... ganz einfach ... mein Glotzäugiger ... das ist sehr bequem ... ein Vorteil, den die anderen nicht haben ... die können ihre Partner nicht in eine Schachtel packen, wenn ihnen danach ist ... keine Angst ... du darfst heute bei mir schlafen ... es ist doch unsere Hochzeitsnacht ...

ich werde dir einen Ring kaufen ... mit Brillanten ... weil du so sanft bist und nie etwas verlangst ... mein Mann ... mein Schöner ... mein Stummer ... liebst du mich? ... sag es doch ... nur ein einziges Mal ... ich liebe dich ... ganz laut ... dass alle es hören ... in jedem Haus ... in jedem Stockwerk ... in jeder Wohnung ... in jedem Zimmer ...

ich liebe dich ...

Andersens Schatten

Christoph Klimke

Eine Schönheit war er wahrlich nicht. Aber Clara Schumanns Urteil, Hans Christian Andersen sei der hässlichste Mensch gewesen, den sie in ihrem Leben gesehen hat, war wohl ungerecht. Hans Christian Andersens Biografie liest sich wie eine Reise durch seine Märchen und wie die Flucht vor sich selbst. 1805 im dänischen Odense geboren, bricht der Sohn eines Schuhmachers im Alter von vierzehn Jahren nach Kopenhagen auf, um berühmt zu werden. Vortanzen und vorsingen will der Junge vom Lande und scheitert hiermit ziemlich kläglich. Doch seinen Plan, in aller Welt bekannt zu werden, gibt er nicht auf. Bis heute sind seine Märchen die meist gelesenen weltweit. Berühmt ist Andersen geworden, glücklich war er nie.

Als „hässliches Entlein" muss er sich gefühlt haben, wenn er in den Spiegel sah, und arm war er wie *Das Mädchen mit den Schwefelhölzchen*. Doch packte er seinen „fliegenden Koffer", war er frei und genoss auf den unzähligen Reisen seinen wachsenden Ruhm. Er tingelte von Hof zu Hof, wo er schrieb und vorlas. Kinder gingen ihm auf die Nerven, vielleicht eine Berufskrankheit. Immer wieder verliebte er sich wie *Die kleine Meerjungfrau* ohne jede Chance. Befriedigte er sich selbst, machte er ein Kreuz oder einen Strich in sein Tagebuch. Gelebt hat er seine Liebe zum eigenen Geschlecht nie. So idealisierte er in den Märchen die Kindheit als Paradies der Unschuld, aus dem die Kinder nur durch das Erwachsenwerden vertrieben und schuldig werden.

In seinem Koffer trug er stets ein Seil mit sich, um sich eventuell aus brennenden Hotelzimmern abseilen zu können, und neben sich auf den Nachttisch legte er einen Zettel mit der Aufschrift „Ich bin nur scheintot", um nicht schlafend beerdigt zu werden. Hans Christian Andersen blieb bis zum seinem Tod 1875 in Kopenhagen ein Sonderling, ein Fremder, dessen Märchenfiguren mehr über ihn erzählen als jede Biografie. *Die roten Schuhe* handeln von seinem Wunsch, Tänzer zu werden, *Der standhafte Zinnsoldat* von dem tragischen Ende jeder wahren Liebe, *Die Schneekönigin* von Andersens Traum vom Glück und *Der Schatten* schließlich von seinen unheimlichen Ängsten.

In *Der Schatten* löst sich ein Schatten von dem Menschen, der ihn wirft. Der Schatten erobert dann eine schöne Frau und beide töten diesen Menschen. Weit vor Freud und Jung werden in diesem Märchen Andersens Psyche und Sexualität lesbar. Der Schatten, das schwarze Spiegelbild, treibt ihn durchs Leben und Licht in den Tod. Im Tod und nicht im Leben existiert das Glück. So erlöst Andersen auch viele seiner unglücklichen Protagonisten aus der irdischen Hölle ins Paradies.

Andersen hinterlässt ein Spiegelkabinett, einen Traumwald aus Geschichten, durch die er wandelt. Und schaut er in den Spiegel, sehen seine Figuren ihn an. Durch einen solchen Traumwald zu irren, immer auf der Suche, immer auf der Flucht, kann niemanden glücklich machen.

Andersen schrieb sein Leben neu: In seiner Autobiografie vergoldet er seine armselige Kindheit und sein unerfülltes Leben. Die Schatten führen ihn zu sich selbst. Vielleicht mochte er Kinder nicht, weil sie ihm ähneln: ungeduldig, gierig und noch nicht wissend, was das Leben aus ihnen machen wird. Sein Schicksal hat Hans Christian Andersen nie wirklich in die Hand genommen. Seine Geschichten zeugen von der Ohnmacht der Opfer den Tätern gegenüber. Wohl deshalb sind sie auch für Erwachsene spannend.

Heute habe ich *Das hässliche Entlein* seit meiner Kindheit zum ersten Mal wiedergelesen. Nie gelebte Wünsche, Kindheitsträume, Verängstigungen und ein Rest Geheimnis wurden wach. Ja, die Geheimnisse des Hans Christian Andersen behütete er selbst wie einen Schatz, womit er mein Leben bereichert. Schade, ein Schwan bin ich nicht geworden. Aber immerhin, mein Schatten ist mir treu geblieben.

Das Bild

Mario Wirz

Sonne und Mond wirken auf mich wie Drogen in meinem ersten Sommer in Berlin. Lichtjahre entfernt liegt die brave Kleinstadt, die ich vor wenigen Wochen hinter mir gelassen habe. Wie in Trance laufe ich durch die Straßen dieser Stadt, die den Träumern gehört. Nicht länger sind wir Außenseiter in unseren Dörfern und kleinen Städten, in denen uns jedes Fenster hämisch und gierig hinterherschaut.

Nachdem wir jahrelang gegen den Strom geschwommen sind und Kindheit und Jugend halbwegs überlebt haben, erreichen wir das rettende Ufer unserer Insel.

Westberlin. Es ist Sommer. Ich bin zwanzig Jahre alt und habe mich in eine Zeichnung verliebt. Seit Tagen spukt die Skizze eines jungen Dichters durch meine Träume.

Ich hocke in meinem möblierten Zimmer am Kaiserdamm und starre sehnsüchtig auf den Umschlag eines schmalen Buches. „Kleinstadtnovelle" von Ronald M. Schernikau. Schon der Text hat mich verwirrt.

Mir ist, als läse ich die Geschichte meiner eigenen ersten sechzehn Jahre in Frankenberg an der Eder. Die glückliche, aber auch bedrängende Zweisamkeit mit meiner tapferen Mama, die mich alleine aufzieht inmitten der frommen Kirchenbesucher, für die sie „die Schlampe" ist und ich „der Bastard" bin. Meine erschrockenen Träume von anderen Jungen, die ich berühren möchte. Mein langsam wachsendes Selbstbewusstsein, das ich meiner Arbeit als Chefredakteur der Schülerzeitung verdanke. Der lächerliche Skandal, als ich ein Gedicht veröffentliche, das mein sexuelles Verlangen nach jungen Männern beschreibt. Nun bin ich ein doppelter Außenseiter. Bankert und schwul.

Ähnliche Erfahrungen schildert der junge Autor Ronald M. Schernikau in seiner „Kleinstadtnovelle". Das Buch gefällt mir, doch mein Herzklopfen gilt der Rötelzeichnung auf dem Umschlag. Ein Foto des Autors wurde darin verfremdet, um ein poetisches Bildnis zu schaffen.

Der bildschöne Dichter legt sich nachts zu mir und berührt mich mit sanften Händen. Sein zärtliches Lächeln. Das Zeichen der Poesie auf seiner Stirn.

Wir sind jung und verliebt. Er vertreibt die Einsamkeit aus meinem möblierten Zimmer.

Morgens frühstücken wir in einem kleinen Café am Sophie-Charlotte-Platz. Wir sprechen über Rimbaud und Baudelaire. Wir widmen uns gegenseitig Gedichte.

Mein erster Sommer in Berlin ist ein glückliches Fieber. Sonne und Mond verbünden sich mit meinen Fiktionen. Meine Träume sind meine Tatsachen. Ich bin Schauspielschüler und widme alle Rollen meinem jungen Gefährten.

Immer wieder erinnern mich die Tage mit ihrem rechthaberischen Realismus an die vermeintlichen Tatsachen.

Du bist mit einer Skizze liiert, lästern die Spiegel, in denen mein Gesicht mit dem Portrait auf dem Buch verschwimmt. Ich weiß, dass Ronald in Berlin lebt. Vielleicht begegnen wir uns heute oder morgen in der U-Bahn oder im Waschsalon.

Unerträglich blau ist der Himmel. Selbst die Katzen und Hunde in der Stadt taumeln. Lallend klingt das Gurren der Tauben. Das närrische Gegacker der Verliebten.

Ihre demonstrative Zweisamkeit. Ich torkele durch die Tage und falle in die Arme von Männern, die keine Dichter sind.

Zwei Jahre später treibe ich mich in einem kleinen Park am Hohenzollerndamm herum. Ein auffällig schlanker junger Mann mit langen Haaren nimmt meine Spur auf.

Wir kommen ins Gespräch. „Na, was studierst du denn?", frage ich mit dem dümmlichen Hochmut des Schauspielschülers, der sich auf seine Karriere als Bühnenstar vorbereitet.

Der junge Mann lacht amüsiert.

„Ich studiere, und ich bin Schriftsteller."

„Ach, wie interessant. Und was schreibst du so?" Ich stecke fest in meiner Pose.

Der Schriftsteller lächelt gelassen. „Mein erstes Buch hat ziemlich viel Pressewirbel verursacht. ‚Kleinstadtnovelle'. Vielleicht hast du davon gehört."

Ich wundere mich, dass ich nicht im Erdboden versinke. Ronald grinst, als könnte er meine Gedanken lesen, für die ich keine Worte finde.

Er hat überhaupt keine Ähnlichkeit mit dem Bild, das vor zwei Jahren farbenprächtig in meinem Kopf entstanden ist, aber sympathisch ist er mir, der Schlacks mit den expressiven Gesten, und ich lasse mich gerne von ihm abschleppen.

Etwas später sitzen wir in seiner Küche und trinken starken Kaffee.

Wir rauchen Kette und sprechen über Marianne Rosenberg, für die wir beide schwärmen. Wir singen „Er gehört zu mir" und kichern und reden und reden ... und hören nicht auf zu reden. Mit vielen Worten und Gesten verjagen wir Eros.

Es wird schon wieder hell vor dem Küchenfenster, als wir uns mit einer unbeholfenen Umarmung verabschieden.

Wir haben in einer Nacht so unerbittlich viel geredet, dass wir uns in den folgenden Jahren bei jeder Begegnung damit begnügen, uns freundlich zuzuwinken.

Von Diagnosen, Prognosen und anderen Irrtümern

Christoph Klimke

„Willkommen zu Hause", lacht mir der griechische Wirt der Kreuzberger „Weltlaterne" entgegen und wir umarmen uns. Ich kenne kaum jemanden, der stets so viel Zuversicht ausstrahlt, und ich kenne niemanden, der dann auch noch Vangelis heißt. Mein Stammplatz in Tresennähe ist frei und wir reden über die Familie, die Euro-Krise und das baldige Weihnachtsfest. Dann esse und trinke ich in Ruhe, lausche der leisen Musik und bin in Gedanken sowieso ganz woanders.

Vor einem Jahr war ich auch hier, genau zu dieser Zeit und an diesem Tisch. Es war kalt wie heute und die Gastgeber waren herzlich wie immer. Ein Jahr ist meine Krebsdiagnose her und nun hatte ich die wichtige Computertomografie zur Kontrolle. „Alles ist gut", beglückwünscht mich mein Arzt, der wahrscheinlich nicht so häufig Gutes zu verkünden hat.

Ich hatte eine Uraufführung am Theater Heidelberg, schreibe gerade ein Stück für die Berliner Volksbühne, meinem Freund und Hund geht es gut, aber richtig freuen kann ich mich nicht. Zu schlecht geht es Mario, meinen Dichterfreund, dem es oft schlecht ging, der aber ein Meister im Überlisten von Prognosen ist. Nun hat das Glück ihn scheinbar verlassen, aber vielleicht irre ich mich ja auch, wie die Götter in Weiß sich oft irren, und wir beide werden uns bald in unserer Stammkneipe treffen, über Kollegen lästern, uns natürlich loben und weitere Bestseller planen. Vielleicht kommt er zu meiner nächsten Premiere und werden wir wie schon so oft uns feiern.

Ja, unsere Freundschaft kann niemand uns nehmen. Das muss auch die Göttin des Glücks einsehen, schon aus Eigennutz. Auf Fortuna ist Verlass, schließlich liebt sie sich selbst am meisten. Aber weiß sie das auch? Ich schaue in den schwarzen Regen hinaus und versuche, die Lichtsplitter mit Sternschnuppen zu verwechseln.

Eine würde jetzt ja schon reichen.

Zimmer 3

Mario Wirz

Schwester Lee, die schon November 1994 bei meiner ersten Krebsdiagnose auf Station 12 C gearbeitet hat, begrüßt mich achtzehn Jahre später im November 2012 mit überschwänglicher Herzlichkeit.

„Unser Dichter ist wieder da. Ach, wie schön. Ich freue mich so sehr. Habe alle deine Bücher gelesen. Ich freue mich, dich wiederzusehen", ruft sie fröhlich und errötet leicht. „Du weißt, wie ich das meine. Natürlich freue ich mich nicht über den Grund, warum du hier bist."

„Ja, natürlich", murmele ich erschöpft und schließe meine Augen, weil ich jetzt nicht weinen will. Auch Carola und Inge und Jörg werden mich in den nächsten Tagen bei ihrer Schicht begrüßen. Vertraute Gesichter.

So lange schon kämpfe ich mit Hilfe meiner Freunde gegen die Diagnosen und Prognosen meiner pathetischen Krankengeschichte. Immer wieder haben sich die Engel und Wunder auf meine Seite geschlagen und mir Zeit geschenkt. Diesmal werde ich die Einladung des Todes annehmen müssen. Er hat lange genug geduldig gewartet.

Die palliative Chemotherapie, zu der mich mein Onkologe überredet hat, soll verhindern, dass die Metastasen zu schnell Besitz von meinem ramponierten Körper ergreifen. Vielleicht schaffe ich es, bis Mai am Leben zu bleiben.

Jan und ich brauchen noch etwas Zeit. Im Mai soll das Licht der Tage Jan helfen auszuhalten, was nicht auszuhalten ist.

Im Oktober haben wir auf unserer Insel unsere dreißigjährige Geschichte gefeiert.

Versteckt im Bernsteinring, den Jan uns geschenkt hat, sind Licht und Schatten unserer Liebe, die uns stark und verlässlich auch durch die Kummerjahre getragen hat.

Dreißig Jahre Bär und Bär. Brudermann und Immermann. Siebenundzwanzig Jahre leben und lieben wir auf dem Seil, immer in der Nähe der Todes, den wir als Untermieter dulden mussten. Wir wussten, dass irgendwann die Wunder auf unserer Seite müde werden könnten, und doch sind wir jetzt in diesem traurigen November immer noch Amateure vor unserem Schicksal, furchtsame Anfänger vor dem Tod.

In der Schatzkammer der Tage hüte ich die glücklichen Stunden. Sie sind unvergänglich und leuchten auch jetzt.

Das Holzhaus mit Gründach, das Jan in Vilmnitz auf Rügen für mich gebaut hat, als 2008 eine neue Krebsdiagnose unser Bärenleben bedrohte.

Der Kredit, der meinen kühnen Petz zwingen wird, lebenslang zu arbeiten.

Die Birken, die Jan für mich gepflanzt hat. Die Rosenstöcke. Sonnenblumen.

Unser kleines Bärenhaus auf unserer Insel. Unser Garten.

Als wir es brauchten, war es da und hat uns geholfen, um unser Leben zu kämpfen.

Nach der harten Chemo-Radio-Therapie von 2010 hatten Jan und ich uns eine längere Verschnaufpause gewünscht. Die ersten Kontrolluntersuchungen waren ermutigend.

Schlimme Rückenschmerzen, die bei einer MRT als Bandscheibenvorfall diagnostiziert worden waren, outeten sich einige Wochen später bei einer nuklearmedizinischen Untersuchung als Knochenkrebs mit Metastasen an der Lunge.

Jan sitzt stumm und blass an meinem Bett. Es gibt keine tauglichen Worte. Zu viele unsagbare Sätze auf beiden Seiten. Das Gewicht dieser Sätze lässt sich nicht ertragen, und doch müssen wir sie auf uns nehmen.

Wir weinen und halten unsere Hände.

Dünnes Zimmergespenst, gefangen an der Chemo-Leine, mutiert zum bösen kranken alten Mann, der immer wieder Jan und die Freunde mit seinem Jähzorn verschreckt.

Ich fürchte mich vor diesem zeternden Fremden, in den ich mich verwandele.

„Das ist doch ganz verständlich in deiner Lage. Du kannst nicht immer gelassen und weise sein. Lass auch diese Gefühle zu", sagt Sigrun, meine treue Freundin seit zwanzig Jahren.

So viele Metamorphosen, so viel Aufruhr hinter meiner Stirn.

Meine Sterblichkeit bleibt stumme Wirrnis. Auch für meine ruhelosen Selbstgespräche finde ich keine Worte. Ein altes dünnes Kind liegt im Bett und ruft seinen Engel.

Manchmal erscheint er an meinem Bett und lächelt nachsichtig.

Der Tod ist ein großes Rätsel, viel zu schwer für ein kleines Menschenleben, sagt er.

Nun schlaf und fürchte dich nicht.

Am nächsten Morgen spiele ich bei der Chefvisite den Clown, der die Ärzte und Schwestern mit Scherzen zum Lachen bringt.

„Wir sind froh, dass Sie die neue Chemo ganz gut wegstecken. Sagen Sie uns Bescheid, wenn wir die Morphindosis erhöhen sollen. Es gibt keinen Grund, dass Sie Schmerzen haben."

Seit Wochen bin ich ein wandelnder Dauerschlaf. Immerzu müde. Mitten im Gespräch mit einem Freund fallen mir die Augen zu. Nehme ich die Dosis, die ich brauche, um die Schmerzen zu vertreiben, umarmt mich der kleine Bruder des Todes, und ich bin nur noch Schlaf in den Tagen. Ich wünsche mir aber Wachheit für Jan und mich und uns.

Ich wünsche mir Dasein für den Schnee, der seit gestern auf die Stadt fällt.

So arrangiere ich mich mit den Schmerzen und lasse zu, dass sie mir durch die verbleibenden Tage folgen.

„Du bist mein Held", sagt Jan und schaut mich zärtlich an, und für einen Augenblick fühle ich mich stark und lebendig und glücklich. Jetzt gibt es nur diesen Augenblick und uns beide.

„Jetzt ist ein ganzes Leben", murmelt Jan und spielt auf den Titel meines neuen Lyrikbandes an, der Herbst 2013 erscheinen wird.

Es ist unwahrscheinlich, dass ich bei der Buchpremiere anwesend sein werde, doch das ist jetzt ohne Bedeutung.

Der Schnee verweht die Jahre und Orte. Bin ich jetzt im Zimmer 3 oder Zimmer 25 oder Zimmer 12 oder einem anderen Zimmer? Durch die weißen Wände gehe ich den weiten Weg zurück und rufe die Namen der Freunde, die mir vorausgeeilt sind auf ihren Stern.

Altes Kinderherz, spiele Anfang und Ende, spiele Leben und Tod, und fürchte dich nur zum Schein, damit die Gespenster zufrieden sind. Es gibt gar keinen Grund, sich zu fürchten. Vertraue dem Engel, der seine Flügel schützend über Jan und dich breiten wird.

Ganz leicht versinkt Zimmer 3 im Schnee. Magische Kälte.

Jan und ich bauen im ersten Winter unserer Geschichte einen dicken Schneemann in jenem Park in Kiel, in dem wir uns Oktober 1982 gefunden haben.

Ihr habt euch lange gesucht, doch nun werdet ihr euch für immer und ewig lieben, wahrsagt der Schneemann und wiederholt seine Prophezeiung, als wir beide etwas skeptisch gucken.

Für immer und ewig.

Lamento eines Begehrenswerten

Mario Wirz

Der schwachsinnige Zeitgeist hat über Nacht alles auf den Kopf gestellt. Gestern noch glaubten alle an das Evangelium der Muskeln. Selbst die Alten quälten ihr welkendes Fleisch Tag für Tag in den Fitnessstudios und trugen es gläubig ins Solarium.

„Forever young", beteten sie und pilgerten furchtsam zu den Spiegeln, die nie das Bild zeigten, das erwünscht war. Jeder wollte jung und schön und sexy sein und es für immer bleiben. Wer sich keine Schönheitsoperation leisten konnte, färbte sich die Haare und unterzog sich tapfer einer radikalen Abmagerungskur.

Ich war zu träge und undiszipliniert für diese Maßnahmen. Mein Übergewicht verriet meine Leidenschaft für Pasta und Pizza und Pralinen. Vielleicht war ich ein Ketzer.

Ich glaubte an das Glück der Sahnetorten. Mit meiner Wampe bewegte ich mich inmitten der Schlanken und Schönen und derer, die sich für schlank und schön hielten, und es war, als wäre ich unsichtbar. Niemand wollte was von mir, niemand begehrte mich, niemand störte mein friedliches Leben. Wahrscheinlich wäre es meine Pflicht gewesen, die eine oder andere Depression zu entwickeln, möglicherweise sogar Minderwertigkeitskomplexe, doch auch dazu war ich zu faul. Ich alterte schamlos vor mich hin, als hätte ich nichts anderes zu tun, und trank jeden Abend zwei bis drei Kristallweizen. Manchmal verabredete ich mich mit Freunden, die so wie ich aus der Form geraten waren. Wir trafen uns in unseren Wohnungen und tauschten Rezepte aus.

Gestern noch war ich mit meiner übergewichtigen Halbhundertjährigkeit out, mega-out, doch nun ist alles anders.

Jetzt sind Menschen wie ich Kult. Als neues Sexidol muss ich hinnehmen, dass jeder mich offensiv anbaggert. Der achtzehnjährige, bildschöne Sohn meines Nachbarn bettelt um Sex, auch sein durchtrainierter Vater will mit mir schlafen.

Junge Dichter schreiben Hymnen auf meine Krampfadern. Maler verherrlichen meine Wampe in farbenprächtigen Ölgemälden. Überall in der Stadt hängen Plakate, die mich und meine dicken Freunde beim Essen zeigen. Junge Athleten knien andächtig vor meinem verfallenden Körper und beten ihn an.

Was soll ich tun? Es ist anstrengend, so hemmungslos von allen begehrt zu werden.

„We love you, old Wirz!", schreien inbrünstig die jungen Popstars auf den Bühnen des Landes, und das jugendliche Publikum überschwemmt sehnsuchtsvoll die Straße, in der ich wohne. Ich bin zu müde für so viel Begeisterung.

Tag und Nacht stehen braungebrannte, junge Muskelmänner in meinem Hinterhof und warten darauf, dass sie mich berühren dürfen. „Geil, total geil, diese Falten im Gesicht, am Hals", wispern sie erregt. „Diese strammen Röllchen um die Hüfte!"

„Das schnuckelige Doppelkinn!"

„Das ist kein falscher Fuffziger. Der ist echt. Total sexy und kultig!" Ihre Ekstasen langweilen mich ein bisschen, der Lärm ihrer Lustschreie geht mir auf die Nerven. Jugendliche Einbrecher dringen in meine Wohnung und rauben mir den Schlaf. Sie suhlen sich in meiner Fünfzigjährigkeit, als wäre sie eine gefüllte Schatztruhe. Meinen dicken Freunden geht es ähnlich. Wehmütig denken wir an die Zeit, als wir noch unsichtbar waren und nur Sex mit Sahnetorten hatten.

Vergänglichkeit und Hinfälligkeit sind nun schrecklich modern. Das Alter feiert Triumphe in jedem Werbespot, auf jeder Litfaßsäule. Zwanzigjährige lassen sich künstlich Falten in ihre Gesichter schneiden. Die Schlanken und Gutgebauten schlagen sich verzweifelt die Bäuche voll mit kalorienhaltigen Speisen, um so schnell wie möglich zuzunehmen.

Meine dicken Freunde und ich treiben uns nun in den leeren Fitnessstudios herum.

Ich muss meine chronische Trägheit überwinden und trainieren, bis mein übergewichtiger Körper jene Gestalt annimmt, die seit gestern aus der Mode gekommen ist.

Alles ist gut

Christoph Klimke

Heute fällt der erste Schnee in diesem Winter. Was für ein Jahr!
Die Premiere im Februar, das Arbeiten an neuen Theaterstücken,
der Besuch bei meinen Geschwistern in Kleve am Niederrhein,
der Gang zu den Friedhöfen, wo meine und die Eltern meines
Freundes beerdigt sind, neue Verluste und neue Freundschaften.
Im Sommer waren wir zusammen mit unserem Hund an der
Ostsee wie jedes Jahr in der Nähe von Kappeln an der Schlei.
Unser Backsteinhaus liegt mitten in einem großen Garten, in
dem wir – das Wetter spielt mit – jeden Morgen frühstücken
und die Vögel und Kaninchen beobachten. Dann geht es ab an
den Hundestrand. Joi legt sich in den Sand, sieht die anderen
Hunde, Herrchen und Frauchen, die Möwen am Himmel und
behält uns immer im Auge.
  Der Besitzer der „Palette", wo wir Abend für Abend in Kappeln
einkehren, hat einen neuen Kater: Karl Otto wird er genannt. Der
Wirt erzählt uns, dass Karl Otto als Jungtier vor einigen Mona-

ten ihm zugelaufen ist und gleich willkommen war. Der Tierarzt begutachtet den Findling auf vier Beinen und beglückwünscht das Herrchen zum kleinen Kater. Karl Otto wirft kurze Zeit später sieben kleine Katzen. Die Katze Karl Otto wird aber natürlich nicht umgetauft.

Eines Abends gehen wir noch einmal zum Strand. Weit und breit sind wir allein und bleierne Wolken ziehen am Horizont auf. Da kommt ein Pärchen mit achtzehn Shelties auf uns zu. Die Zweibeiner sind offensichtlich Züchter und es ist faszinierend, wie sie die kläffende Meute im Griff haben. Jeder Hund hört auf seinen Namen und mal darf die eine Gruppe ins Nass rennen, mal die andere.

Im September fliege ich dann mit dem Komponisten Detlev Glanert nach Palermo. Hier treffen wir Freunde, genießen das schöne Hotel am Lungomare, die Piazza Marina mit ihren Straßenhunden, die einen gleich wiedererkennen, die nächtlichen kulinarischen Treffen und am Morgen das Lesen am Swimmingpool. Sightseeing habe ich hinter mir, zumal ich in Palermo gelebt habe.

Nach ein paar Tagen setzen wir über nach Salina, der schönsten der Liparischen Inseln. Hier sind vor allem die Kapern eine Delikatesse. Welch ein Glück, dass hier nichts los ist. Die Saison ist zu Ende und das Gleichmaß gibt einem die Muße zur Einkehr. Lesen, schlafen, schreiben. Ein Paradies. Freund und Hund sind in Heidelberg bei der Arbeit, das einzige Manko.

Nun schneit es und ich laufe mit Joi durch die weißen Wiesen am Neckar entlang. Das erinnert mich immer an meine Kindheit. Der erste Schnee und der Schlitten wird aus dem Keller geholt. Weihnachten naht und das neue Jahr mit einigen Versprechungen. Wir vier Geschwister setzen die selbstgestrickten Pudelmützen auf und ziehen die vererbten Winterpullover an. Unser Haus liegt am Hang und somit geht es einfach die Straße runter und wieder rauf. Schneeballschlachten mit den Nachbarkindern und viele Schneemänner erwarten uns.

Unser Hund stapft tapfer mit den kleinen Pfoten durch den vereisten Schnee und wir kehren bald um. Zu Hause warten heißer Tee und ein Stück Stollen auf uns. Andreas hat Endproben mit „Wie es Euch gefällt". Wie es uns gefällt? Joi war Straßenhund in Malaga und liegt gleich auf ihrer Wolldecke auf dem Sofa. So soll es sein.

Meine Kindheit war von Angst geprägt, Angst vor dem Unwägbaren, vor Liebesverlust. Das hat sich eigentlich bis heute nicht verändert, obwohl ich viel Glück in meinem Leben habe. Höhenängste und die vielen Träume von lauernden Katastrophen sind geblieben.

Ich schließe die Wohnungstür auf, Joi springt auf das Sofa, ich bereite ihr Futter zu und muss mich beeilen, denn gleich kommt Herrchen Nr. 1 von der Probe und hat auch Hunger. Frischer Thunfisch mit etwas Knoblauch in die Pfanne, Salz, Pfeffer und dazu grüner Salat mit Brot, so einfach ist das. Und das im Winter? Keine Sorge, Heiligabend gibt's Wildgulasch mit Klößen und Rotkohl. Wir kochen dann für Freunde, die allein sind, und schwelgen in Erinnerungen. Bei den einen gab's Karpfen, bei den anderen Würstchen mit Kartoffelsalat oder eine ganze Gans. Die Zahl der Geschenke nimmt von Jahr zu Jahr ab und die Anzahl der einzunehmenden Tabletten auf dem Nachttisch zu. Wir werden wieder feststellen, wie gut es uns geht, und die Angst im Nacken ertrinkt im dunkelroten Wein.

Joi reckt den Kopf, läuft zur Tür und der eingeschneite Freund bringt viel Kälte mit in die Wohnung. „Gut riecht es, was gibt's?", lautet das knappe Kompliment. „Die Probe war nicht so toll und Weihnachtsgeschenke muss ich auch noch kaufen. Hat Joi schon ihr Mittagessen gehabt?"

Ich lege den Fisch ins heiße Öl und denke, alles ist gut.

Science-Fiction

Christoph Klimke

In hundert Jahren werde ich in Oberhausen geboren, mitten im blühenden Bergbaurevier. Meine Eltern und wir vier Geschwister ziehen an den Niederrhein in eine kleine Wohnung. Ich teile mit meiner Schwester ein Zimmer und die beiden Brüder das andere. Ich bekomme die Stofftiere Brummel, den Bären, und Weißhäschen geschenkt und wir spielen mit dem Kaspertheater um die Wette. Mein Vater liegt auf dem Sofa und ich hüpfe Hoppehoppe-Reiter auf seinem Schoß oder ziehe die weiße Schlaufe der Schürze meiner Mutter auf, während sie die Wäsche mit einem Holzlöffel in der Stärke umrührt. Sonntags sehe ich mit meiner Lieblings-Oma die Augsburger Puppenkiste und gehe morgens in die Christus-König-Kirche, um als Messdiener stolz die Kerzen zu tragen. Im Sommer spielen wir im Garten Schneckwettrennen und ich werde barfuß über den Rasen laufen, bis eine Wespe mir in den Fuß sticht.

Wir verputzen Weckmänner und rauchen dann aus den kleinen Pfeifen schwarzen Tee. Scheußlich schmeckt das, aber wir sind schon fast richtige Männer. Die Stofftiere landen in der Ecke und wir ziehen in unser eigenes Haus. Jugendlicher hin oder her, sonntags gehe ich immer noch zu meiner Großmutter, wo heiße Schokolade und die berühmten Schweineohren von Bäcker Tophoven auf mich warten. Leider wartet dessen beleibte Tochter bei der Tanzstunde auch auf mich und wir drehen Runde um Runde auf dem Parkett der Tanzschule Seidel über dem Klever Kino. Ich vergucke mich in meinen besten Freund und weiß nichts davon. Er sowieso nicht, denn er flirtet mit den Mädchen der Johanna-Sebus-Schule, während wir auf dem Freiherr-vom-Stein-Gymnasium vor allem von alten Lehrern unterrichtet werden, die in dem Film „Die Feuerzangenbowle" die Hauptrollen spielen könnten.

Ab und zu werden wir mit dem Fahrrad an den Rhein fahren und beim Lagerfeuer kiffen und die Songs von Cat Stevens singen. Wir tragen Latzhose, Clogs und Parka und sind unheimlich alternativ.

Mit meinen Volleyballfreunden werde ich in den Sommerferien Radtouren durch Italien machen und zelten, nachdem ich mir das Geld für die Ferien durch Jobs verdiene. Nach dem Abitur will ich Zivildienst machen, aber eigentlich nur Gedichte schreiben, natürlich darüber, dass niemand mich versteht.

Den Eltern zuliebe beginne ich ein Studium an der Universität Bonn, wechsle dann nach Florenz und lerne hier die Liebe kennen. Was soll ich dann noch studieren? Also ziehe ich nach Berlin und schreibe ein erstes Buch über Pier Paolo Pasolini, das heute – umso besser! – nicht mehr im Handel ist.

Ich ziehe nach Rom in eine Wohngemeinschaft, lerne dort meine zweite Liebe unter dem Balkon von Mussolini kennen, wo sich Abend für Abend die Pärchen treffen. Wir treiben durch die ewige Stadt, die nachts nur uns zu gehören scheint.

Ich schreibe und übersetze Bücher und arbeite an ersten Dokumentarfilm-Drehbüchern. Inzwischen wechseln die Geliebten häufiger, wie auch die Lokalitäten. An meinem dreißigsten Geburtstag wird meine Berliner Freundin Katja im römischen Trastevere eine flammende Rede auf die Freundschaft halten und Berlin ist keine Zwei-Stadt mehr.

Mein erstes Theaterstück wird am Schauspielhaus Dortmund uraufgeführt und ich verliebe mich in Palermo zweifach. Am Schauspiel Frankfurt werde ich als Gastdramaturg am „Sommernachtstraum" mitarbeiten und Andreas kennenlernen mit seiner Hündin Pazza. Auf Pazza folgen Happy, Daisy und Joi.

Bis dahin jedoch werden wir Triumphe, Niederlagen und schwere Katastrophen erleben und wieder und wieder die richtigen Fehler machen.

In Berlin schließe ich Freundschaften mit Detlev Meyer und Mario Wirz und wir Autoren bilden ein seltsames Trio. Mit Detlev will ich mich einmal im Monat im „Florian" treffen, um über Mario zu lästern, und mit Mario beim Italiener, um mir seine Schwärmereien von gut aussehenden Jung-Dichtern anzuhören.

Viele Ärzte werden uns in Zukunft viel Richtiges, viel Unsinn mit wenig Menschenkenntnis und so manchen brutalen Hieb antun. „Wo Gefahr ist, wächst das Rettende auch", weiß Hölderlin. Das stimmt aber auch im umgekehrten Sinne. Wo das Rettende uns entgegenkommt, wächst die Gefahr des blinden Glaubens an die weiße Uniform.

Andreas und ich arbeiten ab und zu zusammen, er wechselt an das Theater Bonn, dann nach Wien und Bremen, nach Berlin und Heidelberg. Im Sommer machen wir mit unseren Hunden Reisen ans Meer und eines Tages auch an den Chiemsee, wo inzwischen die Freunde leben, die Joi aus Spanien gerettet haben. Bücher und Premieren haben Erfolg und Misserfolg. Freunde werden uns verlassen und wir denken an sie mit unserem Herzen. Traurig sind wir und froh, dass wir zu zweit, nein, zu dritt bleiben. Das wird vieles leichter machen, den Abschiedsschmerz und die Sorgen um das eigene Wohl, das auch das der anderen ist.

Wir werden nach Irland reisen und in einer düsteren Kneipe Whiskey trinken. Wir sehen auf der Straße einen Zug Menschen, die einen Kindersarg tragen. Ich werde nach Mexiko-City fliegen, um dort die Premiere meines Freundes, des Choreografen Johann Kresnik, zu sehen und werde die schutzlosen Kanalkinder erleben. Ich werde Onkel und Großonkel und betraure den Tod meiner Eltern. Nie werden wir uns alles gesagt haben, aber erst trauen wir uns nicht in die Abgründe und dann wollen wir sie vor den geliebten Menschen verbergen. Wir werden uns danach sehnen, noch einmal jung zu sein und sexy, neue Geheimnisse und Träume zu leben. All dies wird geschehen in diesem kleinen Science-Fiction, du wirst sehen, mein Freund, aber nichts ohne dich.

Mein Montmartre
in Berlin

Mario Wirz

Jörg aus dem Vorderhaus hört Peter Maffay. Rolf aus dem Hinterhaus schläft mit Helga. Sven aus dem dritten Stock im Seitenflügel trommelt. Nichts weitet den beschränkten Horizont, aber dieser Nachmittag im August spannt einen blauen Himmel über meinen Hinterhof. Versöhnliche Wolken ziehen einen wohlwollenden Kreis um diesen Tag.

Ich lausche den Wiederholungen wie einer guten Nachricht. Verbünde mich mit jedem Krach. Rolf und Helga. Peter Maffay. Der Trommler über mir. Vertrauter Lärm.

Meine Zimmerkassette speichert die tröstliche Gegenwart der anderen. Die Stille, vor der ich mich fürchte, hat keine Macht über mich an diesem Nachmittag. Vielleicht brütet die Küstenlandschaft über dem Sofa schon den nächsten Sturm aus, aber an diesem Nachmittag bin ich in Sicherheit. Blühende Zimmer-insel. Gladiolen auf dem Schreibtisch, gelbe Rosen auf dem Bücherregal, Sonnenblumen auf dem Kachelofen, üppig und leuchtend, zu viele Blumen für das kleine Zimmer, etwas theat-ralisch, meine Zimmerlandschaft, mit Pathos beschwichtige ich die Gespenster.

Der kleine Löwe auf dem Regal behält den roten Wecker im Auge, passt auf, dass sich die Zeiger der Uhren nicht zu schnell drehen.

Auch die zahlreichen Bären im Kinderzimmer des Vierzig-jährigen bändigen die Zeit. Der dicke, gutmütige Kuschelbär auf dem Bett, der meinen Schlaf verteidigt. Manfred mit der gefütterten Lederjacke und der kecken Pilotenbrille, der auf der braunen Holztruhe sitzt und meine gesammelten Erinnerungen bewacht. Unveröffentlichte Manuskripte und vollgekritzelte Schulhefte. Zeugnisse und Liebesbriefe. Fotoalben und Rezen-sionen, auch die Verrisse, alles, was sich angesammelt hat in vierzig Jahren, alles, was das Gewesensein und Dasein scheinbar beweist. Ein zärtlicher Gruß den belesenen Kleinbären auf dem Regal, die Gedichte von Rilke und Hölderlin rezitieren, wenn ich nicht schlafen kann.

Zu viele Bären in meiner Zimmerhöhle, infantil und närrisch, aber ich geniere mich nicht länger vor den erstaunten Blicken meiner psychologisch geschulten Besucher.

Mein Zimmer, meine helle Gegenwelt, die ich mir gebaut habe, meine Zeit, mein Zimmer, mein Schutzraum, in dem ich mein Leben erfinde. Ich lasse mir das dicke Fell meiner Bären wachsen, und ich bin gewappnet gegen das, was alle „die Realität" nennen.

Zimmerinsel und Zimmerhöhle, Blumen und Bären. Sichtbare Beschwichtigungen, überall. Handgeschriebene Verse, die mein Dichterfreund aus Friedenau für mich geschrieben hat, um die bösen Geister zu vertreiben. Sie hängen an der Tür und führen ins Freie, über alle Abgründe hinweg.

Auch die Fotos an den Wänden sind ein Schlüssel, der die Tür öffnet. Sigrun und ich in Paris. André und ich in Rom. Detlev und ich in Scheveningen. Neben dem Schreibtisch fließt die Seine, Trastevere beginnt neben meinem Bett, die Tür führt zum Meer, Möwenschreie über meinem Hinterhof in Neukölln. Lauter als Klaus Lage, der Peter Maffay abgelöst hat. Lauter als mein Trommler aus dem dritten Stock. Lauter als Rainer aus der Parterrewohnung, der sich wieder mal bei offenem Fenster mit seiner Freundin am Telefon streitet.

Rolf und Helga haben sich aus der Geräuschkulisse dieses Nachmittags verabschiedet. Das neidische Hinterhofpublikum ist wieder auf eigene Fantasien angewiesen.

Möwenschreie über all den vielen Jahren und Geschichten, die sich in meiner Neuköllner Einzimmerwohnung angesammelt haben. Mein Leben, ein bunter Scherbenhaufen.

Zeitramsch und Herzmüll, Plunder und Nippes, alles hebe ich auf, alles sammele ich mit der furchtsamen Pedanterie eines autobiografischen Archivars.

Genauso schrullig wie die alte Frau S. aus dem Vorderhaus, der es unmöglich ist, irgendetwas wegzuwerfen. Ihre Wohnung, das Museum ihres fünfundachtzigjährigen Lebens. Frau S., die rüstige Tyrannin unseres Hinterhofs, die despotisch über alle Gerüchte regiert. In aufgeregter Rivalität zur hochbetagten Frau M. aus dem Seitenflügel, die aber erst vierundfünfzig Jahre hier wohnt. Frau S. wurde hier geboren. Das erzählt sie jedem, der so kühn ist, ihr zu widersprechen. Frau S., von der es heißt, dass sie verdächtige Mieter bei der Gestapo denunziert hat. Frau M., die sofort die Polizei ruft, wenn jemand die Musik zu laut aufdreht. Besonders dann, wenn dieser Jemand Ausländer ist. Ein nüchterner Blick, und die Möwen verwandeln sich zurück in fette Tauben, die eigentlichen Herrscher von Neukölln, neben den Hunden.

Bin ich gefangen im Traum einer verschrobenen, alten Dame? Bin ich der Antiheld eines pessimistischen Drehbuchs über Stagnation und Unveränderbarkeit? Alle Indizien weisen darauf hin, dass ich seit fast zwanzig Jahren in meinem Neuköllner Käfig hocke.

Ein schräger Vogel, der verwirrt die Spannweite seiner Flügel misst, um widerwillig zu erkennen, dass es sich nicht um einen Adler, sondern eher um eine seltsame Krähe handelt. Etwas flügellahm seit einigen Jahren. Theaterplakate im Flur erinnern an den jungen, ehrgeizigen Schauspieler, der vor fast zwanzig Jahren stolz seine erste, eigene Wohnung in Neukölln bezieht. Erschöpft vom Chaos seiner WG-Erfahrungen. Zermürbt von seiner Odyssee durch diverse möblierte Zimmer in Berlin und den Stress mit neurotischen Vermieterinnen. Die winzige Wohnung in Neukölln, ein kurzes Gastspiel, geplant sind Domizile in Wien und London, Barcelona und Amsterdam. Immer wieder versuchen gut meinende Freunde, mich zur Veränderung zu überreden, mich für eine neue, größere Wohnung in einem anderen Kiez zu begeistern, aber ich weigere mich stur, mein Zimmernest zu verlassen. Es ist nicht die chronische Geldlosigkeit, die mich hindert, auch nicht meine Krankheit, die mich an die kleine Wohnung in Neukölln fesselt.

Vielleicht bin ich ein hoffnungsloser Provinzler, vielleicht auch nur ein versponnener Höhlenmensch, vielleicht sind es die beengten Verhältnisse, in denen ich aufwuchs, was immer es noch ist, es ist auch Liebe. Eine ängstliche Liebe, ambivalent und oft verquält, aber Liebe. Zu den Wänden meines Zimmers, die mich vor der Draußenwelt verstecken.

Vor allen Tatsachen, die mich bedrohen, vor allen Diagnosen, die mich einschüchtern.

Über meinem Bett der goldene Stern aus Pappmaché, den Jan aufgehängt hat, leuchtender Hoffnungsstern, nach dem ich greife, über mich hinaus.

Mein Zimmer, mein Asyl, meine Zuflucht. Mein kleiner „Elfenbeinturm", der bis jetzt tapfer dem Sturm der Tage und Nächte trotzt. Meiner Zimmerlandschaft bin ich ans Herz gewachsen, mit meinen Blumen und Bären, mit meinem störrischen Lebenswillen und Pathos, das Fest zu feiern, so lange es dauert. Leichtsinnige Besäufnisse mit mir und der Zeit. Kleines, dankbares Zimmerleben. Tagträumereien ohne Ziel und Ehrgeiz, unterwegs in meiner Zimmerwelt, behaust in meiner Geschichte. Nur ein halber Schritt zwischen meinem Bett und meinem Schreibtisch, oft ist es schwer, die Nacht abzuschütteln, oft wünschte ich mir ein zweites Zimmer für mein Schreiben, aber dann lasse ich alle Wünsche los und springe über den Schatten meiner Enge. Öffne das Fenster und begrüße den alten Kastanienbaum in meinem Hinterhof. Den Efeu, der sich übermütig am Hinterhaus hochrankt. Die kecke Blaumeise auf dem Fensterbrett meines Nachbarn. Die schüchterne Frau D, die ihren Dackel spazieren führt. Den sommersprossigen Tom, der mit Anmut sein Fahrrad im Hof repariert. Fatima, die fröhlich zu meinem Fenster hochwinkt.

Ich lausche und vergewissere mich, alle sind da, auch an diesem Tag, alle Stimmen und Geräusche meiner Welt. Augenblicke von Glück und Nähe. Ein euphorisches Gefühl von Brüderlichkeit zu allen, die in Neukölln leben. Zu den Müßiggängern und Taugenichtsen. Den Verlierern und Gestrandeten. Den trotzigen Glückssuchern und Einzelkämpfern.

Sympathie mit den Rabauken und herumstreunenden Machos. Den unverbesserlichen Kleinbürgern und verkrachten Künstlerexistenzen. Dem größenwahnsinnigen Maler aus der Emser Straße. Dem schrillen Filmemacher aus der Jonasstraße. Dem Travestiestar und Schlangenbeschwörer aus der Thomasstraße. Neukölln, mein Montmartre in Berlin.

Augenblicke von Glück und Unverwundbarkeit an meiner Schreibmaschine, die mir in Luxusstunden ein neues Gedicht diktiert.

„Ich verstehe nicht, dass du in Neukölln leben kannst", sagen meine Freunde aus Charlottenburg und Wilmersdorf. Sie denken an Zeitungsberichte über Skinheads und randalierende Türken, die Schwule zusammenschlagen.

Ich denke an den Körnerpark, der drei Minuten von meiner Wohnung entfernt jeden Morgen auf mich wartet, um das Wirrwarr meiner Gedanken zu ordnen.

Wenn Neukölln mein Montmartre ist, ist der Körnerpark mein Versailles en miniature, ein Juwel, das niemand in diesem schmucklosen Viertel erwartet. Ich denke an meine schwule Stammkneipe in der Thomasstraße, die meine nächtlichen Fieber kühlt. Hier ist die Zeit stehengeblieben, keine Veränderung, keine Vergänglichkeit, der Friedhofsnähe und allen Todesfällen zum Trotz. Hier ist immer 1970, ein idealer Ort für Anachronisten und Dinosaurier, Verzauberte und all die vielen, die süchtig nach den Liedern von Marianne Rosenberg sind. Neukölln, meine Provinz, in der ich wohlig gestrandet bin, kaum, dass ich mein achtzehnjähriges Kleinstadtleben in Hessen hinter mir gelassen hatte.

Neukölln, meine kleine Welt, in der ich mich auskenne, heimisch auch im Fremdsein, das mir die christlichen Bemerkungen gewisser Gottesdienstbesucher hinter meinem Rücken anbieten, für die ich die „schwule Aidssau" aus Nr. 17 bin.

Der Horizont von Neukölln ist beschränkt, aber er wacht über meine Schritte.

Vom Bäcker zum Fleischer, vom Obsthändler zum Tabakladen, vom Supermarkt zur Apotheke. Alles liegt nah beieinander, ein Paradies für Greise und unheilbare Dörfler.

Neukölln, meine kleine Welt, zu der ich mich bekenne, mein pathetisches Zimmer, mein Leben. Jörg aus dem Vorderhaus hört wieder Peter Maffay. Rolf und Helga gehen Hand in Hand über den Hinterhof. Sven trommelt immer noch. Der Tag dreht uns neckisch im Kreis.

Fernweh

Christoph Klimke

Hurra: Hitzefrei! An diesem Vormittag im August springen wir alle gleich aufs Fahrrad und ab geht's in den Reichswald. Wir schnitzen uns aus Ästen Schwerter und spielen Ritter. Ich verliere meist, aber das macht nichts, denn Spielen macht Spaß.

Nachts liege ich mit meinen Stofftieren im Bett und träume von glänzenden Rüstungen, stolzen Reitern und Pferden und meinen glorreichen Siegen. Siegen macht noch mehr Spaß.

Klassenfahrten mag ich ganz und gar nicht. Kaum sitze ich als Elfjähriger im Bus nach Bad Honnef im Siebengebirge, habe ich schon Heimweh, bevor die Fahrt richtig losgeht. Alle anderen lachen und schmieden Pläne und ich bekomme Bauchschmerzen. Eine Woche Jugendherberge und mit den Lehrern und Mitschülern unterwegs Bäume und Pflanzen bestimmen, am Abend eine grausige Vesper und nachts das Geschnarche und Gefurze der anderen – grässlich.

In der Oberstufe muss ich mit meinem Englisch-Leistungs-kurs nach London und beneide die Lateiner, die nach Rom dür-fen. Rom, das wär's, hier würde ich nichts und niemand missen. In London: Museen, Kirchen, mit der Gastfamilie *conversation* ma-chen – langweilig. An einem Abend gehen wir ins Theater mit un-serer Lehrerin. Auf einmal läuft ein schöner, nackter Mann über die Bühne. Unsere Paukerin zerrt uns sogleich aus dem Theater und verlangt das Geld zurück. Das waren noch Zeiten. Hilfe!

Nach Rom bin ich Jahre später gezogen. Ich pendelte mit Air France und Champagner gratis zwischen Berlin und der ewigen Stadt hin und her, was dank dem Studententicket leicht möglich war.

Ich war wegen Allessandro auf Sardinien, Gianpiero in Paler-mo und Luciano in Paris. Der Süden lockte mich wie die meisten meiner Landsleute mehr als der düstere Norden. Das ändert sich. Die Melancholie der Nord- und Ostsee, sei es an der holländi-schen Küste, auf Sylt, am Hafen von Helsinki oder Flensburg, macht mich gerade bei Wind und Wetter zufrieden. Das liegt sicher auch an unseren Hunden. Wenn du vor dich hin grübelst und mal wieder die Weltlage zu klären versuchst, dann nimmt der Hund dich an die Leine und zieht dich durch den silbernen Nebel bis an den Strand.

Fernweh wird Heimweh und die Umkehr zur Rückbesinnung auf das, was da ist. Der blöde Satz „Zu Hause ist es am schöns-ten" hat dann seine Berechtigung, wenn du bei mir bist, mein Freund auf zwei Beinen oder vier Pfoten. Dann brauche ich kein Schwert und muss auch nichts gewinnen. Ohne euch würde Heimweh zum Fernweh.

Happy Birthday

Mario Wirz

Mario tat so, als schliefe er noch, während er Jan beobachtete, der siebzig langstielige rote Rosen auf zehn Vasen verteilt hatte und diese nun mit der grimmigen Entschlossenheit eines Bühnenbildners durch das Zimmer trug, um sie wirkungsvoll zu platzieren. Fünf Vasen für das Fensterbrett, eine links und eine rechts vom Kamin, auch Klavier, Nachttisch und CD-Ständer erwiesen sich als taugliche Orte für die Geburtstagssträuße. Jan warf einen halben Blick auf Mario, der geräuschvoll den Schlafenden simulierte, und wandte sich dann wieder seinem Arrangement zu, mit jenem nachdenklichen Lächeln, in das sich Mario vor fünfundvierzig Jahren verliebt hatte.

Die kleine Galerie in Kiel. Die Veranstalterin mit dem S-Fehler. „Es ist schön, dass Sie so zahlreich erschienen sind." Marios erster Lyrikband und seine erste Lesung vor Publikum.

Natürlich existentialistisch im schwarzen Rollkragenpullover, eine Packung Gauloises auf dem Tisch, neben dem Glas Rotwein und dem dünnen Büchlein, das in einem Ein-Mann-Verlag erschienen war. „Warum sind Ihre Gedichte so düster?", hatte Jan gefragt und ihn mit seinen Augen festgehalten. Dieses entschlossene Blau hinter der Brille, der weiche, verletzbare Mund, der brave Haarschnitt, eine Kombination aus Musterschüler und Draufgänger. „Als ich diese Verse schrieb, habe ich Sie noch nicht gekannt."

Die Zuhörer waren in Gelächter ausgebrochen, weil sie den Autor für schlagfertig hielten, doch Jan hatte Mario angeschaut und gesagt: „Ich werde dafür sorgen, dass du in Zukunft andere Gedichte schreibst." Sie waren beide rot geworden und wussten, dass ihre gemeinsame Geschichte angefangen hatte.

„Es war meine Pflicht, diesen fünfundzwanzigjährigen Trauerkloß zu retten", scherzte Jan später manchmal vor Fremden, die sich über das seltsame Paar wunderten.

Der Psychologiestudent aus großbürgerlichem Elternhaus und der dichtende Hungerleider, dessen heldische Mutter in einer engen Zweizimmerwohnung die chronische Geldlosigkeit in ein Abenteuer verwandelt hatte, um sich und ihren schwierigen Sohn durch die Jahre zu bringen. Der Ästhet und der Chaot. Sie passten nicht zusammen, aber das Wunder, das sie an jenem Abend in der Galerie miteinander verkuppelt hatte, war mächtiger als alle Unterschiede und Gegensätze.

„Ich weiß, dass du nicht schläfst, liebes Geburtstagskind. Viel Glück wünscht dir das Meer vor unserem Haus und auch der Zandvoortwind. Ich weiß, dass du und ich noch lange glücklich sind. Das weiß das Meer und auch der Zandvoortwind", sang und improvisierte Jan am Klavier, und Mario wischte sich die Tränen aus den Augen und war fassungslos, dass er tatsächlich siebzig Jahre alt geworden war. „Ich habe dir damals prophezeit, dass dich selbst ein tödliches Virus nicht umbringen kann. In der Hölle gibt es schon zu viele Schriftsteller", lästerte Jan, der nach fünfundvierzig Jahren Beziehung Gedanken lesen konnte, bevor sie zu Ende gedacht waren. Immer noch dieses verwegene Blau hinter der Brille, der weiche, verträumte Mund, das Lächeln, das Mario verwirrte.

„Ich friere", gurrte er, und Jan grinste und legte sich zu seinem Freund.

„Ist dir jetzt wärmer?" Ihre Körper kannten sich und nahmen, was sie brauchten.

Manchmal gaben sie sich fremd, als wüssten sie nichts voneinander, als wäre es das erste Mal. Jan liebte den Kampf und wehrte sich lange, um sich dann lustvoll besiegen zu lassen. In der Hingabe verjüngte sich sein Gesicht, und alle Jahre schienen von ihm abzufallen. An diesem Morgen verführte er Mario und zwang ihn, sich zu ergeben.

War es wirklich der 11. August 2030? War das Meer vor den Fenstern nicht nur ein Traum?

Der Schrei der Möwen. Der ruhelose Wind. Das Haus, das Mario von den Tantiemen seines ersten Bestsellers gekauft hatte. Seit dreißig Jahren lebten sie hier zusammen, gemeinsam mit all den jungen Männern, die sich für eine Weile bei ihnen einquartierten und dann wieder verschwanden und neuen Glückssuchern Platz machten.

Meistens war es Jan, der sie am Strand oder am Bahnhof von Amsterdam ansprach.

Ausreißer und Streuner. Rucksacktouristen und Hallodris. „Meine wilden Kids", sagte er und hatte diese Sehnsucht in den Augen, aber Mario war nicht mehr eifersüchtig und begriff, dass sein Freund eine tägliche Dosis Jugend brauchte. Seitdem Jan seine Praxis in Zandvoort verpachtet hatte, veranstaltete er regelmäßig Partys und Feste, zu denen sogar Freunde aus dem Ausland angereist kamen. Der inzwischen weltberühmte Drehbuchautor Michael Sollorz, der mit seinem vietnamesischem Lebensgefährten Lam in Budapest wohnte. Der von allen wichtigen Theatern gespielte Dramatiker Christoph Klimke, der sich mit seinem Partner in Rom ein Haus gekauft hatte. Der Nobelpreisträger Detlev Meyer, der mit seinem Partner und etlichen Katzen nur noch in den VIP-Suiten exklusiver Hotels lebte. Das Malergenie Rinaldo aus New York und der unverwüstliche Rosa aus San Francisco. Der mit etlichen Preisen ausgezeichnete Fotograf Martin E. Kautter, der nur selten sein riesiges Anwesen am Bodensee verließ. Die göttliche Dee, die mit einem vierzig Jahre jüngeren Fürsten auf dessen Schloss in St. Petersburg residierte und schon lange ein Mythos war. Der weltweit gefeierte Chansonier Boris Steinberg, der nach jeder Tournee auf die Almhütte in Österreich zurückkehrte, in der er sich mit seinem Mann seit vielen Jahren vor den Aufdringlichkeiten des Ruhms versteckte.

Sie alle kamen zu Jans Festen und tanzten bis in die frühen Morgen.

Diven und Dichter. Stars und Stricher. Aristokraten und Athleten. Kids und Künstler. Medizinalräte und Mechaniker. Jünglinge und Greise. Alle Unterschiede verflüssigten sich im Champagnerrausch, und es gab nur die gemeinsame Lust, da zu sein und den Augenblick zu feiern. Mario hätte sich öfter stille Zweisamkeit mit Jan gewünscht, doch er sagte nichts und war dankbar, dass sie immer noch kraftvoll genug waren, den Trubel auszuhalten. Auch ohne Feten war das Haus ein Ort, den die Ruhe mied.

„Unsere Rabauken verhindern, dass wir schrullig werden", sagte Mario oft und lächelte, weil Jan den Mund verzog. Anspielungen auf das Alter waren ihm ein Gräuel.

Die Rosen überall. Die nackten Jünglinge, die Rinaldo nach einer Orgie auf die Wand gemalt hatte. Der gierige Ruf der Möwen vor dem Fenster. Die Stimmen unten im Haus und das Gebimmel des Telefons.

Jans zupackende Hände. Sein wollüstiges Brummen. Die verspielte Gewalttätigkeit seiner Zärtlichkeiten. Der Glanz in seinen Augen, der ihm etwas Grausames verlieh.

Er stöhnte und sank erschöpft auf Marios Brust. Sie atmeten, als wären sie ein Körper.

„Bist du glücklich?", fragte Mario und bereute seine Frage sofort.

„Jetzt nicht mehr. Ich hasse törichte Fragen", knurrte Jan und zündete sich eine Zigarette an.

Sie lagen zusammen. Seite an Seite. Die Zigarette danach wie damals in ihrer ersten Nacht.

Das winzige Zimmer in Kiel. Die Matratze auf dem Boden. Kartons und Koffer, die immer noch nicht ausgepackt waren. Schmutzige Socken zwischen Büchern von Sartre und Camus. Der betäubende Duft der Räucherkerzen. Der wacklige Tisch vor dem Fenster. Die Schreibmaschine, auf der Mario seine ersten Gedichte getippt hatte.

„Hier also lebst du", hatte Jan gesagt und nicht gewusst, wo er sich hinsetzen sollte.

In seinem Kaschmiranzug sah er aus wie von einem anderen Stern. „Soll ich uns einen Kaffee machen? Im Kühlschrank ist auch noch Bier, glaube ich." Mario war verlegen gewesen und stotterte herum, bis Jan ihn auf die Matratze zog. Der Student, der so bürgerlich wirkte, scherte sich nicht darum, dass die Knöpfe von seinem Hemd absprangen. Ein schönes, wildes Tier, hatte Mario gedacht und sich unbeholfen und verklemmt gefühlt.

„Ja. Ich bin glücklich. Ich liebe dich. Ich habe dich lieb. Ich begehre dich. Ich bin immer noch geil auf dich", murmelte Jan und blies den Rauch seiner Zigarette über Marios Gesicht.

„Schaut euch diese alten Böcke an!", lachte Dennis, der ins Zimmer stürmte, zusammen mit all den anderen, die in diesem Monat zur Hausgemeinschaft gehörten.

Der schweigsame Leo, der aus Den Haag kam und vor zwei Wochen plötzlich aufgetaucht war, um in jenem verrückten Haus zu leben, von dem er so viel gehört hatte.

Er hielt eine riesige Torte in den Händen und lächelte stolz. Seitdem er bei ihnen war, herrschte er über die Küche und verwandelte jede Mahlzeit in ein Fest.

„Ein Kunstwerk!", applaudierte Mario, und Leo nickte huldvoll.

„Tausend Jahre sollst du werden", trällerte Sascha und entkorkte eine Champagnerflasche.

„Wo ist Kolja?", fragte Jan, der heimlich in Saschas Zwillingsbruder verliebt war.

Mario wusste natürlich Bescheid und seufzte. „Das Herz ist ein einsamer Jäger", zitierte er und dachte an den Roman von Carson McCullers, den er in seiner Jugend gelesen hatte.

„Wenn ich nach Kolja frage, musst du nicht gleich dramatisch werden", sagte Jan und gab sich gelassener, als er war.

„Mein Brüderchen treibt sich am Strand rum wie eine läufige Hündin", feixte Sascha und füllte den Champagner in die Gläser, die Belle auf einem Tablett bereithielt. Belle hieß eigentlich Helga, aber ihre Schönheit zog andere, poetischere Namen auf sich. Man nannte sie „Stella" oder „Rose" oder „Angel". Und jeder wurde in ihrer Gegenwart etwas scheu. Seit zehn Jahren gehörte sie zur Familie. Sie kam, blieb eine Weile, verschwand wieder, um durch die Welt zu reisen, und kehrte erschöpft in das Haus zurück.

Dennis streute Glückwunschtelegramme und Faxe über das Bett. „Alles, was Rang und Namen hat, ehrt den größten lebenden Dichter unter der Sonne", spottete er und legte sich zwischen Mario und Jan.

Die anderen guckten etwas neidisch und standen mit ihren Gläsern im Raum wie auf einer Cocktailparty. „Ich glaube, wir brauchen ein breiteres Bett", lachte Mario und fand alles ein bisschen anstrengend.

„Ich bin froh, dass es dich gibt", sagte Belle leise und setzte sich auf die Bettkante und nahm Marios Hand. Leo reichte jedem feierlich ein Tortenstück, das er kunstvoll aus dem Sahneturm herausgeschnitten hatte.

Sascha starrte wund auf Dennis, der Belle nicht aus den Augen ließ. Der schmächtige Stricher aus der Ukraine liebte den blonden Herkules, doch Dennis dachte nur an Belle, die zu allen nett war und niemanden liebte.

„Möchte nur wissen, wo Kolja bleibt, murmelte Jan unruhig und stocherte in seiner Torte herum. In diesem Augenblick sah er aus wie ein unglücklicher, alter Mann, und Mario empfand Mitleid mit seinem Freund, der immer noch stürmisch um Amors Wohlwollen buhlte. Vielleicht war auch ein bisschen Neid in Mario, weil Jan im Gegensatz zu ihm nicht aufgehört hatte, alle Gefühle zuzulassen. Sehnsucht und Schmerz, Zärtlichkeit und Zorn, das ganze Chaos, das die schöne Unvernunft den Verliebten anbot. Jan scheute selbst die Lächerlichkeit nicht, wenn er jemanden begehrte, während Mario sich längst in einem ältlichen Pragmatismus eingerichtet hatte.

„Wollen wir nicht am Strand entlanglaufen und Ausschau nach Kolja halten?", fragte Dennis und schaute Belle an, als wollte er sie hynotisieren.

„Nein, ich suche meinen Bruder", sagte Sascha und rannte blass aus dem Zimmer.

„Das ist nicht nötig", rief Jan ihm hinterher, aber seine Stimme klang erleichtert, und mit gutem Appetit aß er nun seine Torte auf. „Schmeckt köstlich", lobte er Leo, der auf Saschas vollen Teller starrte.

„Der Tag ist noch lang. Sascha wird die Torte später genießen", tröstete Belle den Backkünstler, der sie traurig anlächelte.

Mario tat, als läse er die Glückwunschtelegramme und Faxe, doch seine Gedanken waren woanders.

Unerträglich war die Hitze am 11. August 1990 gewesen. Das Gurren der Tauben vor dem Fenster. Das Scheppern der Mülltonnen im Hinterhof. Mario weinte vor den dreißig roten Rosen, die ein verschwitzter Fleurop-Bote am Morgen gebracht hatte. Schon nach wenigen Stunden ließen die Geburtstagsrosen ihre Köpfe hängen, als wollten sie sich mit Marios Unglück solidarisieren. Er hatte die Vorhänge zugezogen, weil er das grelle Tageslicht nicht ertrug. Alles war Schmerz gewesen. Die Helligkeit und das Dunkel. Die Stille in den Zimmern und die Geräusche draußen.

„Ich werde immer für dich da sein, wenn du mich brauchst", hatte Jan geschrieben, der mit seinem neuen Freund nach Miami geflogen war.

Wahrscheinlich war der Fleurop-Auftrag einen Tag vor der Abreise erteilt worden.

Die müden Rosen in der Vase. Das Ticken des Designerweckers, den Jan gekauft hatte, damit Mario seine Tabletten pünktlich nahm. Die Glückwünsche der Freunde auf dem Anrufbeantworter, den Mario irgendwann am Nachmittag des 11. August 1990 ausgeschaltet hatte. Betäubt von Gin und Sherry lag er auf dem Bett und wartete vergeblich, dass Freund Hein ihn in seine Arme schloss. Es war verständlich, dass Jan vor dem unsichtbaren Untermieter geflohen war, der seit dem Testergebnis alle Stunden mit ihnen teilte. Alle Mahlzeiten und sogar das Fernsehprogramm. Mario entwickelte eine geradezu moribunde Vorliebe für Spielfilme, in denen sich todgeweihte Heldinnen und Protagonisten einen letzten Wunsch erfüllten, um dann in einer Großaufnahme schön und tapfer zu sterben. Wenn Jan aus der Klinik kam, in der er täglich mit dem Unglück der Menschen konfrontiert war, erwarteten ihn in der gemeinsamen Wohnung Marios Gespenster. „Ich glaube, ich habe schon wieder abgenommen."

„Unsinn! Du siehst blendend aus."

„Meine Lymphknoten sind geschwollen."

„Das ist bei einem Immundefekt ganz normal und nicht dramatisch."

„Klingt mein Husten nicht seltsam?"

„Rauch weniger!"

Mario stand stundenlang vor dem Spiegel und hielt Ausschau nach jenen Symptomen, die in der Presse beschrieben worden waren. Er verfasste sein Testament und letzte Verfügungen, in denen der Ablauf seiner Beerdigung detailliert festgelegt war.

Verdis Requiem am Anfang. Abschiedsreden der Dichterfreunde Klimke, Meyer und Sollorz. Lesungen aus Marios schmalen Lyrikbänden. Zum feierlichen Abschluss Chansons von Georgette Dee und Boris Steinberg.

Jan meldete seinen hysterischen Partner in einer Positivengruppe der Berliner Aidshilfe an und vereinbarte Termine bei einem Psychologenkollegen, der sich auf dieses Thema spezialisiert hatte, doch Mario zog es vor, sich in sein weinerliches Pathos zurückzuziehen.

So viele Freunde und Bekannte waren in den letzten Jahren gestorben, bei Krankenbesuchen auf der Aidsstation sah Mario, was ihn unausweichlich erwartete, warum sollte er einen aussichtslosen Kampf auf sich nehmen und so tun, als glaubte er den Hoffnungsparolen, mit denen ihn Jan bedrängte?

„Du darfst nicht aufgeben. Du musst Zeit gewinnen. Schon jetzt gibt es therapeutische Möglichkeiten, und bald wird es ein Heilmittel geben, das das tödliche Virus in eine behandelbare Krankheit verwandelt. Nicht gefährlicher als Diabetes."

Kein Wort erreichte Mario. Er verbrachte die Tage weiterhin im Bett und war schon am Vormittag betrunken. Manchmal schrieb er ein Gedicht, in dem er seinen Tod in schaurige Verse zwang.

„Du mimst mit erstaunlicher Vitalität den sterbenden Schwan. Welche Rolle hast du mir zugedacht in deinem Schmierentheater? Soll ich mir gleich eine Trauerbinde anlegen?", hatte Jan eines Abends wütend gefragt, ohne eine Antwort zu bekommen. Mario war fast erleichtert, als sich Jan in die Arme eines zwanzigjährigen Musikstudenten rettete und aus der gemeinsamen Vierzimmerwohnung in Friedenau auszog. Nun gab es niemanden mehr, der Widerstand gegen das Schicksal leistete.

Mario konnte ungestört seinem Lamento frönen. Jan kam zwar oft in die Wohnung und versuchte, der Verwahrlosung Einhalt zu gebieten, aber das hinderte Mario nicht daran, sich als einsames Opfer darzustellen. Er war von Jan im Stich gelassen worden und hatte ein Recht zu leiden. Besoffen hatte Mario am Abend des 11. August 1990 den Rosen die Köpfe abgeschnitten und sie aufs Bett wie auf ein Grab gestreut. Er schrieb seitenlange Liebesbriefe an Jan, die er anschließend zerriss, um sich wieder in seinem Jammer einzusperren.

Ein Autounfall, bei dem Jan unverletzt geblieben war, hatte die heilsame Wirkung eines Schocks und weckte Mario aus seinem egozentrischen Schlaf. Er ging in die kleine Kirche am Friedrich-Wilhelm-Platz und dankte Gott, dass der Schutzengel über Jan gewacht hatte. Mario war beschämt, dass er so lange nur an sich und seinen Kummer gedacht hatte, als wären Sterblichkeit und Angst sein Privateigentum. In der Kirche am Friedrich-Wilhelm-Platz versprach er dem Engel, die Liebe und das Leben in Zukunft besser zu verteidigen. Mario verabredete sich mit Jan in einer Charlottenburger Galerie, die beide mochten.

„Wie schön, dass Sie mal wieder bei uns vorbeischauen." Die Galeristin schien sich aufrichtig zu freuen und schwärmte sogleich von dem Maler Rinaldo, der gerade dabei war, eine Ausstellung vorzubereiten. Jan und Mario waren glücklich über ihre Versöhnung und erwarben ein großformatiges Gemälde in Öl, das sie sich eigentlich nicht leisten konnten.

„Den Liebenden gewähre ich Rabatt", sagte der Künstler und bot ihnen darüber hinaus seine Freundschaft an, die alle folgenden Jahre und Krisen überdauern sollte. Das Bild, das zwei Männer beim Liebesspiel zeigte, wurde über das Bett gehängt, in dem Jan und Mario versuchten, das Virus zu vergessen. Mario hatte seine Unbefangenheit verloren und wagte es nicht, leidenschaftlich zu sein, weil ihm kein Kondom hundertprozentig safe erschien. In den Armen seines Freundes fühlte er sich wie eine tickende Bombe.

„Eros und Thanatos waren schon immer ein Paar. Ich fürchte mich nicht", sagte Jan pathetisch, aber seine Stimme klang unsicher. Ihre Körper, die sich vertraut waren, erfanden neue und vorsichtige Zärtlichkeiten. Behutsam und fantasievoll. Oft hielten sie sich nur und lauschten dem Atem des anderen.

„Wir haben jetzt Herzsex", wisperte Jan und Mario kam sich vor, als schliefe er mit seinem Bruder in einem Kinderzimmer. Er fühlte sich behaust und fragte nicht nach dem Musikstudenten, mit dem Jan nach wie vor liiert war. „Wir gehören zusammen. Du und ich. Ich und du. Ganz egal, was passiert, wir stehen alles gemeinsam durch", hatte Jan gesagt, und Mario glaubte ihm. Niemand konnte ihre Zweisamkeit bedrohen.

Weder ein Musikstudent noch all die anderen, mit denen Jan im Laufe der Jahre kleinere und größere Affären hatte. Mario gab sich Mühe, die Tage und Nächte ohne eine Überdosis Alkohol auszuhalten. Manchmal brauchte er eine halbe Tavor oder andere Psychopharmaka, um die Angstgespenster zu zähmen, aber er konnte wieder arbeiten.

Sein autobiografischer Roman, der 1992 erschien, wurde von der Presse kontrovers aufgenommen, doch das Buch erreichte mehrere Auflagen und war finanziell sein erster Erfolg. Er schenkte Jan einen Sportwagen und konnte sich nun an den Unkosten des täglichen Lebens beteiligen, was für sein Selbstbewusstsein hilfreich war.

„Meine wohlhabende Dichterdiva", lästerte Jan und war ein bisschen neidisch auf den wachsenden Ruhm seines Freundes, der in verschiedenen Talkshows auftrat und stapelweise Leserbriefe bekam. Oft von gutaussehenden, jungen Männern, die ein Foto beilegten. Anonyme Anrufer, die Mario als „schwule Aidssau" beschimpften, waren die Kehrseite frisch erworbener

Prominenz, und er musste eine geheime Telefonnummer beantragen.

Jan und Mario hatten alle Katastrophen gemeinsam überlebt. Eifersuchtsdramen und Krankengeschichten. Niederlagen und Flops. Ihre Liebe schien an allen Krisen zu wachsen und ihr Bündnis zu vertiefen. Hartnäckig waren die Phantome des Älterwerdens und das verwirrende Gefühl, in den Bars plötzlich unsichtbar zu sein. Jan litt unter den Gesetzen des Fleischmarktes, der ihn wie verdorbene Ware aussortierte.

„Du klagst, dass deine Aktien sinken, bist aber selbst genauso gnadenlos. Auch du begehrst nur Jugend und Attraktivität. Die Jugend sitzt auf dem Thron, weil wir devot vor ihr knien und sie anbeten", hatte Mario einmal gesagt, und Jan war wütend aufgesprungen und hatte die Bar verlassen. Nachts hatte er in Marios Armen geweint und sich wiegen lassen wie ein Kind.

„Ich weiß, ich bin ein geiler, alter Narr, doch ich kann nicht anders", flüsterte Jan und fiel in den Schlaf, in dem er und alle anderen für immer jung waren. Jan ließ sich die Haare nachdunkeln und ging nun täglich ins Fitnessstudio.

Er trug verwegene Teenagerklamotten und ahmte den Slang der Achtzehnjährigen nach, was grotesk wirkte, aber Mario schwieg und wartete, dass sein Freund die Midlifecrisis überwand. „Wenn ich ins Bad komme, ist da dieser Fremde im Spiegel und verlangt, das ich ihn rasiere. Dabei möchte ich den ältlichen Herrn siezen und ihn fragen, woher wir uns kennen", hatte Mario einmal beim Frühstück gescherzt, um Solidarität mit Jan und dessen Problemen zu bekunden. Natürlich registrierte auch Mario die offensichtlichen Veränderungen seines Körpers, die Krampfadern an den Beinen und die vorspringende Wampe, die seine Vorliebe für Pasta und Sahnetorten verriet, die grauen Strähnen im Haar und die Falten, doch er fürchtete sich nicht und nahm alle Zeichen des Alters an. Die Tatsache, dass er immer noch lebte, erschien ihm wie ein Wunder. Er war dankbar, dass er all die vielen Kombinationstherapien vertragen hatte, und brauchte seine ganze Energie, um die Todesangst zu bekämpfen, die ihn überall in Besitz nehmen konnte.

Bei einem Spaziergang. Im Supermarkt. Bei einem Essen mit Freunden. In Jans Armen. In den Abgründen des Schlafes. Sie kam wie ein Anfall über Mario und war ein Grauen, das ihn von allen trennte. Sein Dichterfreund Detlev Meyer, der von ähnlichen Schrecken heimgesucht wurde, war der Einzige, mit dem er darüber reden konnte.

Sie telefonierten täglich miteinander und versuchten, sich zu trösten. Manchmal schickten sie sich gegenseitig lyrische Faxe, um einen trüben Tag zu beflügeln.

In Berlin trafen sie sich oft sonntags im Zoo oder im Botanischen Garten und suchten eine heile Gegenwelt zum beschränkten Kosmos der Krankheit. Sie schwelgten in Erinnerungen an die wilden Feste ihrer Jugend und mokierten sich über die Gestalt, in die sie das Alter zwang. Drei- bis viermal im Jahr wurden sie zu gemeinsamen Lesungen eingeladen und verbanden den literarischen Auftritt in den Metropolen mit einem kurzen Urlaub. Luxushotels in Wien, Paris, Zürich, Rom, Amsterdam und Hamburg.

Die früheren Exzesse der Nacht wichen stillen Nachmittagsfreuden in den Parks und Cafés. „Wir leben wie zwei keusche Kurgäste", spottete Detlev, und Mario bestellte noch zwei Tassen Kakao. Auch viele Jahre später, als Detlev seinen Wohnsitz in die Grand Hotels des Auslands verlegt hatte und Mario schon lange in Zandvoort hauste, blieben sie befreundet. „Ihr seid euch treu wie zwei alte Kriegsveteranen, die aus gefährlicher Schlacht zurückgekehrt sind", sagte Jan, wenn Mario mal wieder ein teures Ferngespräch mit Detlev geführt hatte.

Die regelmäßig auftauchende Todesangst wog so schwer, dass alle anderen Kümmernisse Leichtgewichte waren. Potenzprobleme, Übergewicht, Zahnprothesen und sonstige Überraschungen gehörten zum Repertoire des Alters und waren für Mario lästige Baustellen, denen er im Gegensatz zu Jan wenig Beachtung schenkte. Obwohl das Damoklesschwert nicht länger sichtbar über ihm hing und seine Krankheit inzwischen behandelbar war, dankte Mario täglich jenem Engel, der ihm damals in der kleine Kirche am Friedrich-Wilhelm-Platz in Berlin erschienen war. Die Lichtgestalt, die über Liebe und Leben gewacht hatte, war für Mario so real wie die gefallenen Engel, denen Jan an Bahnhöfen und in Stricherkneipen nachjagte. Mario hörte auf, sich Sorgen zu machen, als er sah, dass auch sein Freund Trost fand. Jan haderte nicht mehr mit seinem Erscheinungsbild und konnte wieder lachen, manchmal sogar über sich selbst.

„Sei nicht eifersüchtig. Ich brauche die Jungs, aber das hat nichts mit uns beiden zu tun", sagte Jan, und Mario gewöhnte sich mit der Zeit an die jugendlichen Gäste, die oft gefräßig wie Heuschrecken in ihr Haus fielen. Wenn Mario wegen seiner Lesungen wochenlang unterwegs war, quälte ihn die Unruhe, dass Jan sich leichtsinnig in Gefahr begeben könnte, doch seitdem Dennis bei ihnen lebte, gab es keinen Grund mehr, ängstlich zu sein.

Dennis war Jans Patient gewesen und hatte mit seiner Hilfe die Drogensucht besiegt. „Jan hat mein Leben gerettet. Ich würde alles für ihn tun. Sogar töten, wenn es sein müsste", sagte Dennis einmal warnend zu einem Gast, der es gewagt hatte, sich allzu kritisch über Jans Leidenschaft für junge Männer zu äußern. Der blonde Hüne wich nicht von Jans Seite und begleitete ihn überallhin. Anfangs hatte sich Mario von dieser bedingungslosen Liebe bedroht gefühlt, doch inzwischen war er dankbar, dass Dennis bei ihnen lebte und sie beide beschützte.

„Guck mal. Da sitzt dieser Schmierfink, der deinen letzten Roman verrissen hat", sagte Jan eines Abends in einem Amsterdamer Restaurant, in dem sie für die ganze Hausgemeinschaft einen Tisch reserviert hatten.

Seine Bemerkung war eine harmlose Frotzelei, und Mario grinste schief, aber Dennis war aufgestanden und hatte den Kritiker krankenhausreif geprügelt. Der Vorfall sorgte für gehässige Schlagzeilen, und Mario musste dem Opfer eine fünfstellige Summe zahlen, um eine Anzeige wegen schwerer Körperverletzung zu verhindern, aber dieser Abend blieb eine glückliche Erinnerung. „Was für eine überwältigende Liebeserklärung", spottete Jan, nicht ohne Eifersucht, doch von nun an hatte Dennis zwei Väter, und beim Notar war ein Testament zu seinen Gunsten hinterlegt.

Zu dritt reisten sie durch die Welt und besuchten ihre Freunde. Christoph und Andi in Rom. Detlev und Wolfram in Paris. Michael und Lam in Budapest. Georgette und ihren jungen Fürsten auf dem Schloss in St. Petersburg. Rinaldo und Fox in New York. Rosa und Oliver in San Francisco. Natürlich verliebte sich der immer noch sexbesessene Greis in Dennis und versuchte, ihn zu verführen, aber Dennis war schon von Belle verhext und schrieb ihr täglich einen Brief, den er nach Zandvoort schickte, weil Belle wieder einmal unterwegs war und niemand wusste, wo sie sich gerade aufhielt.

„Vielleicht bricht sie einem arabischen Sultan das Herz, vielleicht züchtet sie Krokodile in Afrika", lästerte Jan, und Dennis brachte ihn mit einem Blick zum Schweigen.

„Warum sind Liebende immer so humorlos?", seufzte Jan später in Marios Armen und schlief ein, ohne die Antwort abzuwarten.

Ebbe und Flut. Der Schrei der Möwen über all den Jahren. Auf dem Grund des Meeres lagen die verlorenen Sommer und Winter.

„Aufwachen! Willst du deinen Geburtstag verpennen?" Sascha saß auf der Bettkante und rüttelte unsanft an Marios Armen. „Kolja erwartet dich am Strand. Du sollst gleich kommen. Er hat eine Überraschung für dich."

Mario rieb sich die Augen und versuchte, seine Gedanken zu ordnen. Bei jeder Bewegung raschelte und knisterte das Bett von den Glückwunschtelegrammen und Faxen, die überall verstreut herumlagen, zerknüllt und ramponiert von Torte und Champagnerflecken. „Ich bin wohl noch einmal eingenickt. Wo sind denn die anderen?", fragte Mario, aber er war dankbar, dass der erste Geburtstagsstress vorbei war.

„Jan hantelt wie ein Wilder. Leo kocht. Dennis und Belle gehen spazieren." Sascha lächelte freudlos, und Mario strich ihm über das schwarze, struppige Haar.

Fünf Minuten später stand Mario unter der Dusche und genoss den warmen Strahl auf seinem Körper. Unter der Haut summten Erinnerungen an andere Augenblicke.

Die atemlosen Jahre der Pubertät. Alle Spiegel hatten Akne. Diese schmerzhafte Sehnsucht nach Uwe, die Mario hinter coolen Sprüchen versteckte, aber Uwe durchschaute ihn. „Die Tunte ist scharf auf meinen Schwanz." Alles, wovon Mario damals wirr geträumt hatte, erschrocken von seinen Wünschen, sollte sich Jahre später erfüllen. Wann hatte er zum letzten Mal mit Jan geduscht?

„Das Wasser ist dein Element. Du bist mein wilder Neptun", hatte Jan gesagt und sich verführen lassen. Unter der Dusche. In der Badewanne. Am Grunewaldsee in Berlin. In einem Boot auf dem Zürichsee. An allen Bächen und Flüssen, zu denen ihn Mario gelockt hatte. Unter der Brücke am Tiber. Am Ufer der Seine. Und immer wieder in diesen dreißig Jahren am Meer von Zandvoort. Nur einige Meter von ihrem Haus entfernt.

Die Möwen trugen alle Lustschreie davon. Verteilten sie auffliegend in alle Himmelsrichtungen. Neptun war alt geworden, doch auch jetzt noch erregte ihn die Verbindung von Wasser und Körper. Es wäre lustvoll gewesen, es an seinem Geburtstag mit Jan unter der Dusche zu treiben, aber sein Freund schwelgte in anderen Träumen.

Mario hörte, wie Jan im Fitnessraum neben dem Badezimmer unter den Gewichten ächzte und stöhnte, und lachte leise vor sich hin. „Happy Birthday, alte Eule", sagte Mario zu seinem Spiegelbild und zog den weißen Leinenanzug an, in dem er fünf Jahre jünger aussah.

Die Küchentür stand offen, und Mario sah Leo und Sascha in verzauberter Zweisamkeit vor den Töpfen. Der zierliche Ukrainer war in Leos Armen verschwunden wie ein Vogel im Nest. Das Telefon klingelte, und Mario verließ schnell das Haus. Ein kleiner Junge ritt auf den Schultern seines Vaters und rief: „*Dat staat mij aan! Dat staat mij aan!*"

Immer wieder fühlte sich Mario geborgen und wundersam beschwichtigt, wenn er Niederländisch hörte. „Als hätten die Holländer eine Handvoll Murmeln verschluckt. Kinder und Kobolde haben diese Sprache erfunden", hatte Jan in den ersten Jahren ihres freiwilligen Exils gelästert und sich darüber amüsiert, dass schlichte Salzkartoffeln in diesem Land *gekookte aardappelen* waren. Inzwischen sprach er perfekt Niederländisch und bestellte auch in Deutschland und in Frankreich *Koffie met melk* und *bier van het vat.* Der kleine Junge war nur noch ein auf und ab wippender Punkt in der Ferne.

Mario hielt Ausschau nach Kolja und war geblendet vom Licht dieses Tages. Meer und Himmel hatten sich aufgelöst in einem flirrenden Blau. Die Boote auf dem Wasser sahen aus, als segelten sie in den Wolken. Im übermächtigen Blau des Tages leuchteten widerspenstig die Anzüge der Surfer. Ein funkelndes Gelb tanzte neben einem flammenden Rot auf den Wellen, dazwischen glitzerten Grün und Orange, doch alle Farbtupfer schienen gebändigt von der triumphalen Bläue dieses Augustvormittages.

Mario liebte die verwegenen Pirouetten der Meeresreiter und saß oft stundenlang in seinem Strandkorb, um ihnen zuzuschauen.

„Wo bleibst du denn so lange? Gleich ist alles verschwunden", schimpfte Kolja und schob Mario energisch vor sich her, bis sie vor einer prächtigen Sandburg standen, deren Türme und Brücken und labyrinthischen Gänge sich aus verschnörkelten Buchstaben zusammensetzten. *Happy birthday*, las Mario und war ergriffen von der vergänglichen Schönheit dieses Geschenks. Sein Herz schlug gegen die Brust, als wollte es sich aus seinem Gefängnis befreien, und Mario musste sich hinsetzen.

„Weinst du?", fragte Kolja und kniete neben Mario.

„Nein, es ist nur dieses gleißende Licht. Ich habe meine Sonnenbrille vergessen."

Kolja wuste, dass Mario log, und legte ihm scheu die Hand auf die Schulter. „Der Opa macht seine weiße Hose ganz dreckig", sagte eine Kinderstimme, und Mario drehte sich um und sah ein kleines, dickes Mädchen, das vorwurfsvoll auf ihn guckte. Dessen Eltern, beide ebenfalls übergewichtig, gaben irgendwelche undefinierbaren Laute von sich und zogen die Kleine schnell weiter.

„Ich bin ein schmutziger, alter Mann", rief Mario und warf sich in den matschigen Sand und wälzte sich wollüstig, bis keine Stelle an seinem Anzug mehr weiß war.

Zwei Japaner, die gerade vorbeigingen, kicherten, und einer von ihnen fotografierte die verrückte Szene. Kolja lachte und legte sich neben Mario. Gemeinsam schauten sie auf die Möwen, die benommen in der Luft taumelten, als wären sie vom Blau des Tages betrunken. Selbst ihre Schreie klangen anders als sonst.

„Am liebsten wäre ich immer mit dir allein. Ich weiß, dass auch dir all diese Leute auf die Nerven gehen. Du bist nicht wie Jan, der so was toll findet. Ich passe besser zu dir. Wir könnten uns eine Wohnung in Haarlem suchen und immer zusammen sein. Ich würde dich auch nicht beim Schreiben stören. Und wenn du mal krank wirst, kann ich dich pflegen und mich um dich kümmern. Wir wären sehr glücklich", sagte Kolja leise und rückte näher.

Obwohl er und Sascha eineiige Zwillinge waren, konnte niemand die Brüder miteinander verwechseln. Sascha war wild und unberechenbar. Aufbrausend und schnell bereit zu hassen, wenn er sich verletzt oder abgewiesen fühlte. Kolja blieb immer sanft und gutmütig. Er war kindlich und naiv und lebte in seinen Träumen, in denen die Welt noch heil war.

„Ich habe mich entschlossen, einem Teufel und einem Engel Asyl zu gewähren. Die beiden verkörpern die Dialektik des Lebens. Sie beweisen, dass es einen Himmel und eine Hölle gibt", hatte Jan gesagt, als er die Brüder in der Hausgemeinschaft aufnahm. Er hatte die Zwillinge in irgendeinem Stricherlokal in Amsterdam kennengelernt und sich wahrscheinlich sofort in den Engel verliebt. Kolja war zierlich und dunkel wie sein Bruder, aber er hatte nicht dessen wütendes Feuer in den Augen. Im Gegensatz zu Saschas struppigem Kurzhaarschnitt waren seine Haare lang und seidig. Er sah aus wie ein junger Indianer, der sich in eine fremde Zeit verirrt hatte. Die Geschichte der Brüder, die angeblich in einer Kadettenanstalt in der Ukraine aufgewachsen waren, veränderte sich täglich in den fantastischen Legenden, die Sascha um ihre Herkunft spann.

Kolja lächelte dann geheimnisvoll und schwieg und übernahm höflich jede Vergangenheit, die sein Bruder ihnen erfand. Jan warb mit Geschenken und sehnsüchtigen Blicken um Kolja, der alles freundlich annahm, doch von Anfang an entschlossen schien, Mario zu erobern. Vielleicht glich Mario mit seinen weißen Haaren und all den Falten im Gesicht dem Großvater, den Kolja sich als Kind gewünscht hatte.

Eine stürmische Welle warf sich auf den Anfangsbuchstaben der Sandburg und riss zwei Türme ein, die durch eine Brücke verbunden waren. „Appy birthday ist auch originell", murmelte

Mario und fürchtete sich vor Koljas Schweigen, das auf eine Antwort wartete.

„Warum ein Luftschloss in Haarlem bauen? Wir könnten jetzt sofort deine wunderbare Burg beziehen, als Altritter und als Jungritter, und glücklich sein, bis die Gezeiten über uns hinweggehen und uns aus der garstigen Wirklichkeit mitreißen in den großen Traumstrom, in dem alle Unterschiede aufgehoben sind", sagte Mario zärtlich und hatte Angst, Kolja zu kränken.

„In deinen Augen bin ich ein dummer Junge, den du nicht ernst nimmst. Das ist sehr arrogant. Aber weil du heute das Geburtstagskind bist, werde ich dir nicht böse sein. Eines Tages wirst du mein Herz annehmen." Kolja hielt die Augen geschlossen und lächelte weise, als hätte er schon lange das Rätsel der Zukunft gelöst.

Sie schwiegen wieder und schmeckten den salzigen Wind auf ihren Lippen. Auch Mario schloss seine Augen. Er lag im nassen Sand, als wartete er tatsächlich auf jene Welle, die ihn forttragen würde. Das Brausen des Meeres verband sich mit den Stimmen und Rufen der anderen zu einer Geräuschkulisse, die seltsam klang. Kamen die aufgeregten Kinderstimmen von diesem Strand oder aus der Vergangenheit? Fern und vergangen hörten sich die heiseren Stimmen der jungen Männer an, die an diesem Vormittag am Strand Handball spielten, wie aus jenen Tagen, als Mario in allen Straßen und auf allen Plätzen ein schnelles Abenteuer gesucht hatte. Die Luft schwoll an vom gurrenden Lachen der Frauen, die für immer in die sehnsüchtigen Nachmittage seiner Jugend gebannt waren. Auf die Stühle der Cafés, in denen Mario auf die Liebe gewartet hatte, jedem Fremden hinterherträumend. Alles klang wie von weit her. Als hätte die Zeit den Lärm der Jahre gesammelt, um ihn am 11. August 2030 über diesen Strand zu schütten.

„Willst du dir zu deinem Geburtstag eine Lungenentzündung schenken, oder bist du einfach nur verrückt geworden?" Dennis beugte sich über Mario und hob ihn langsam hoch, bis er, wenn auch wacklig, auf seinen Beinen stand.

Belle schaute lächelnd zu und reichte Mario ihren Arm.

„Mach nicht auf Macker. Wenn Mario mit mir zusammen ist, kann ihm nichts passieren", rief Kolja und schüttelte sich den Sand vom Körper. Er sprang in seiner roten Badehose hin und her und sah aus wie ein zorniges Kind. Die gefräßigen Wellen hatten von der Buchstabenburg nur eine Ruine übrig gelassen. Wer genau hinschaute, konnte noch „day" entziffern, als hätte sich dieser Tag im August selbst in den Sand geschrieben.

„Der Altritter war glücklich mit seinem Jungritter", sagte Mario und zwinkerte Kolja verschwörerisch zu.

Der kleine Ukrainer legte einen Finger auf seine Lippen, schnitt Dennis eine Grimasse und warf sich dann übermütig auf eine Welle, die ihn mit den anderen Schwimmern davontrug.

„Der Zwerg wird immer dreister. Hat wohl zu lange in der Sonne gelegen", knurrte Dennis und schaute missmutig auf die Badenden. Er seufzte übertrieben und nahm Mario in die Mitte, als reichte Belles Arm nicht, den Dichter zu stützen.

„Wenn sich Schönheit und Kraft mit dem Alter verbünden, will ich gerne hundert Jahre alt werden", spottete Mario und mimte beschwingt den zerbrechlichen Greis. Zu dritt gingen sie langsam zum Haus zurück.

„Es ist sehr egoistisch, dass ihr am Strand Orgien ohne mich feiert", sagte Jan und schaute amüsiert auf Marios ramponierten Anzug.

„Nicht petzen!", flüsterte Mario, und Dennis grinste und schwieg.

„Der Sand hat Mario zum Geburtstag gratuliert, und was du siehst, sind die Spuren der Glückwünsche."

Dennis applaudierte begeistert. „Ist Belle nicht wunderbar?", fragte er und wurde rot.

„Ich habe es immer schon geahnt. Sie schreibt alle Gedichte, und du veröffentlichst sie unter deinem Namen", scherzte Jan und umarmte die Schöne.

„Ich bin enttarnt und ziehe mich beschämt zurück."

Mario spürte die Blicke der anderen in seinem Rücken und versuchte, so elegant wie möglich die schmale Wendeltreppe hochzuklettern. Natürlich stolperte er.

„Zieh dich lieber um. Wir essen gleich", rief Jan ihm hinterher und lachte schadenfroh.

Das Summen des Hauses schwoll an wie in einem Bienenkorb. Schritte. Stimmen. Geräusche. Das Klirren von Gläsern. Murmeln. Verhaltenes Lachen. Alle Räume vibrierten von der Ankunft der Gäste, von denen jeder eine Bienenkönigin war, gewohnt, die Aufmerksamkeit auf sich zu ziehen. Das leise Brummen vor dem Fenster, wenn wieder ein Auto vorfuhr. Manchmal ein energisches Hupen. Türenschlagen. Das Klackklack von Stöckelschuhen. Begrüßungsworte im Bass oder Sopran. Natürlich hatte Jan Marios Wünsche ignoriert und ein großes Fest vorbereitet.

„Gib zu, dass du dich freust, du alter Pfau!" Der weißhaarige Herr im Spiegel lächelte und nickte Mario zu. Elegant und würdevoll sah er aus in seinem schwarzen Armani-Anzug.

Ein Dinosaurier aus einer anderen Zeit. Er hatte nichts zu tun mit den Kollektionen der neuen Modemacher. Alle diese futuristischen und utopischen Entwürfe, als gäbe es nur noch Astronauten auf der Welt. Jeder sah aus wie ein Statist aus einem Science-Fiction-Film der neunziger Jahre.

„Du lebst immer noch im vorigen Jahrhundert. Armani, Chanel, Bulgari sind out. Mega-out!", hatte Jan vor einigen Tagen gelästert. Er tat alles, was „in" war, und zog sich an wie ein Marsmensch, als könnte er sich dadurch verjüngen.

„Sei nicht so verdammt bigott. Auch du würdest heute mindestens ein Jahrzehnt aus deinem Gesicht entfernen. Siehst aus wie ein alter Geier." Marios Spiegelbild schwieg beleidigt.

„Gibt es in diesem Saftladen nur Champagner?" Georgettes Whiskeystimme legte sich dunkel und gebieterisch über das Summen. Dennis lachte laut. Mario lauschte und versuchte, die Stimmen zu identifizieren. In seinem Körper war ein aufgeregtes Zittern.

Er wollte noch ein bisschen warten, bis er hinunterging, um seine Freunde zu begrüßen.

Das Zimmer hatte sich in einen Rosengarten verwandelt. Siebzig Rosen, deren Knospen am Anfang des Tages ihr Fest angekündigt hatten, waren in wenigen Stunden aufgeblüht, üppig und verschwenderisch, als müssten sie sich beeilen. Ihre pathetische Schönheit war wie ein Fieber, das jetzt noch anstieg, um dann mit Einbruch der Nacht in jenen Schlaf zu sinken, in dem alles verschwand. Der Schrei der Möwen. Koljas Sandburg. Namen und Orte. Alle Jahre. Nichts wogen Hoffnung und Furcht in jenem Schlaf. Alles war leicht und erlöst. Noch aber blühten die Rosen und verschwendeten sich an die Zeit, die ihnen blieb.

„Ich weiß, dass du und ich noch lange glücklich sind. Das weiß das Meer und auch der Zandvoortwind", hatte Jan an diesem Morgen gesungen, und Mario war bereit. Er spürte Jans Hände auf seinem Körper und hörte sofort auf zu zittern.

„Jeder verrät, was er sich in diesem Augenblick besonders wünscht", schlug Jan kurz vor Mitternacht im „Exil" vor, in jenem österreichischen Restaurant am Paul-Lincke-Ufer in Berlin, wo sie mit den Freunden Marios neununddreißigsten Geburtstag gefeiert hatten.

Alle waren gekommen. Detlev und Wolfram. Christoph und Andy. Rinaldo und Frank. Boris und Dirk. Tilman und Tim. Stephan und Philippe. Natascha und Wölfchen. Sigrun und Piotr. Tomcat und Thomasius. Gunda und Ulrich. Georgette und Rosa.

Sie saßen im efeuumrankten Vorgarten des Restaurants und waren schon etwas betrunken. Die sommerliche Sternennacht.

Die gurrenden Tauben zwischen den Tischen. Die Spatzen, die dreist auf die Teller flogen, um sich ihren Anteil vom Festmahl zu sichern. Die Trauerweiden am Ufer, an dem Liebespaare neben kiffenden Punks lümmelten. Vorbeidümpelnde Touristenboote und Autos, aus denen Technomusik in die Nacht lärmte. Irgendjemand sang „Kreuzberger Nächte sind lang", und in einem anderen Café spielte jemand Akkordeon. Alles schien mit allem versöhnt und verbündet in dieser milden Sommernacht am 11. August 1999.

„Ich wünsche mir Gesundheit für Wolfram und mich und unsere Katze. Ach ja, und den Nobelpreis will ich auch. Natürlich", scherzte Detlev und lächelte schwermütig.

„Ich möchte einen Bestseller schreiben und von den Tantiemen ein Haus am Meer in Zandvoort kaufen und dort mit Jan und euch allen am 11. August 2030 meinen siebzigsten Geburtstag feiern", sagte Mario und wunderte sich nicht, dass in diesem Augenblick eine Sternschnuppe vom Himmel fiel.

Eine Hommage
an die Freundschaft

Christoph Klimke
& Mario Wirz

Nachrichten
von den Geliebten

Querverlag

Christoph Klimke & Mario Wirz
Nachrichten von den Geliebten

€ 14,90 [D]

Kindheit, Schulzeit, erotische Begegnungen, auch der Verlust von
geliebten Menschen sind der Stoff, aus dem diese „Nachrichten"
sind. Eine literarische Hommage an die Freundschaft.